Comment on devient Fée

UNICURSAL

Copyright © 2018

Éditions Unicursal Publishers
www.unicursalpub.com

ISBN 978-2-924859-68-1

Première Édition, Litha 2018

SAR MÉRODACK J. PELADAN

Comment on devient FÉE

1893

UNICURSAL

À MA MÈRE

Ma Mère

L'hommage que je Vous fais ici ne s'inspire ni d'une prédilection pour cet ouvrage, ni du désir d'exprimer ma filialité enthousiaste.

Mon œuvre, de caractère monumental, me permet peut-être l'orgueil du plan et de l'ensemble, non pas d'une pierre. Aurais-je attendu si longtemps pour y écrire Votre nom, sans cette pensée que les œuvres comme les actes d'un homme sont tous des fleurons de la couronne maternelle.

A Vous qui êtes sainte, je dédie ce livre de la fée, en accomplissement de ma doctrine elle-même. Au domaine de l'inconscience et du vertige, j'ai instauré l'étude, et après avoir peint le monde sentimental, voici que je l'explique.

J'ai incanté le sphinx avant de provoquer son énigme : je la révèle ici sous les formes claires et froides de la notation moderne.

La douleur acceptée est toute la matière du devenir humain, et l'amour apparaît la forme providentielle et attrayante de la douleur.

Voilà la sinistre lumière que j'apporte, après onze années de méditations et d'expérience.

L'amant et l'amante, devenus bourreau et bourrèle, accomplissent inconsciemment l'œuvre nécessaire de la mutuelle torture: telle est la triste conquête que j'ai faite sur le mystère.

J'aurais tu la désespérante vérité, si je n'eusse découvert aussi le baume qui guérira tous les Amfortas de la passion. Une réforme de la sensibilité découle de mes constatations! Et quelle réforme? sinon de substituer l'amour du mystère, l'amour de l'idée, l'amour de l'art, à l'Amour.

Dépouillée des ornements de la poésie et de l'art, réduite à son obscur principe, la femme devra désormais reconquérir, par des vertus ou des prestiges individuels, cette principauté absurde que les chrétiens attribuèrent à toute son espèce.

A ce point de vue lucide, où le Binaire se dévoile un être inconscient chargé des reliques esthétiques, l'idée de la mère a surgi et emporté tout mon enthousiasme.

J'ai comparé le sentiment maternel à tous les autres; seul résistant à l'analyse et à toutes les réactions de la pensée, il m'a paru le chef-d'œuvre du cœur; comme la mère doit être pour tous le chef-d'œuvre des créatures.

Il y a de la divinité dans cette passion qui a plus de force qu'aucune, sans un moment d'égoïsme, et qui ne montre sa fougue qu'au sacrifice et à l'abnégation.

Si l'adolescent était réfléchi, il garderait en son âme le rayonnement maternel comme la pierre de touche et l'ectype qui lui serviront à juger les cœurs offerts: tous seraient refusés.

Amené à l'examen minutieux de l'âme féminine, je n'y ai trouvé qu'un sentiment d'or pur: la maternité, et voilà pourquoi, Ma Mère, je Vous fais cet hommage explicite, toute mon œuvre étant implicitement consacrée à Votre gloire; heureux si je sème de quelques lauriers les pas vénérés de Votre vieillesse.

Une des beautés du catholicisme sera d'avoir fait presque un dogme de ce suprême sentiment, d'en avoir sublimé la belle innéité.

Marie, mère de Dieu, étend un peu de l'éclat de son nimbe sur toutes les mères.

Si je juge les êtres qui m'ont aimé, de tous j'ai souffert, et je découvrirai à chacun quelque reproche : car on n'inspire jamais qu'un unique sentiment absolument parfait — au seul cœur de sa mère.

Vos mérites sont des joyaux qu'on ne montre pas aux visiteurs, qu'on ne présente pas à un public : ils doivent rester au cœur du fils.

Vous avez été le salut, la paix et le sourire de trois nobles esprits dont je suis le moindre.

Mon père fut un saint, et mon frère un génie ; à tous deux le destin a manqué : je reste seul à témoigner de Votre âme admirable ; et si quelque inquiétude me peut venir sur l'imperfection de mon effort, c'est en pensant que Votre œuvre — à Vous — c'est moi, et qu'on juge la mère par le fils — du moins,

plein d'admiration et d'amour,

SAR PELADAN.

Le Pré des Oiseaux (St-Enogat), 17 août 1892.

PRO ROSA † CRVCE

Si Paris a vu une tentative de rénovation esthétique, similaire au mouvement pré-raphaélite des Ruskin, Rosetti, Burne Jones, Watts, malgré des toiles intruses exposées par trahison :

L'honneur en est à la Rose † Croix.

Si Paris a entendu pendant la semaine sainte, à Saint-Gervais, Saint-Protais, les sublimités vocales de Palestrina, de Vittoria et des vieux maîtres sacrés :

L'honneur en est à la Rose † Croix, qui avait déjà ressuscité la messe du pape Marcello.

Si le salon des Champs-Elysées a tenté de faire entendre les jeunes compositeurs :

L'honneur en est à la Rose † Croix, qui avait préparé la sonate du clair de lune de Benedictus.

Si Monsieur Francisque Sarcey, devant le Fils des Étoiles, classique d'écriture, calme et simple de fabulation, a dû, débouté de ses ordinaires prétextes soi-disant traditionnels, s'avouer le naïf ennemi de l'art noble, n'osant prononcer et prétendant avoir dormi :

L'honneur en est à la Rose † Croix.

Si, aux soirées des 24, 26, 28 mai, au théâtre d'application, les mondains ont entendu l'énonciation magique sur l'amour, l'art et le mystère :

L'honneur en est à la Rose † Croix en sa première geste esthétique.

La geste seconde de 1893 commencera par une série de conférences du Sar en Belgique et en Hollande. Puis aura lieu la publication des constitutions de l'Ordre, non plus seulement dans la branche esthétique, mais selon l'amplitude d'une véritable confrérie universelle des intelligences.

La réforme du théâtre sera poursuivie par la tragédie du SAR MERODACK, *et le Mystère du Graal.*

Enfin, en mars-avril aura lieu un second Salon, vraiment idéaliste, où le Sar, seul maître, répondra de tout à tous.

Non nobis, Domine, sed nominis tui gloriæ soli.

S. P.

PRIÈRE

DU RITUEL ROSICRUCIEN

TRÈS PROPRE A PRÉMUNIR LA LECTRICE CONTRE LES ERREURS
POSSIBLES DE CE LIVRE

Vous qui n'avez pas de vrai nom aux lèvres humaines, mon Créateur et mon Dieu, accomplissez en moi vos augustes desseins, et que cette vie me mène à l'éternité.

Sauvez la faible Aïscha des vertiges de Nahash, sauvez la plaintive Héva des mirages de sa sensibilité, et que les Khérubs me gardent.

Sublimez, Seigneur, ma beauté en lumière, mes instincts en idéalité, mes passions en charité.

Par les mérites de la passion de votre divin Fils, mon seul roi, faites-moi servir, malgré mon obscur principe, à l'oeuvre du Saint-Esprit, au nom de Marie conçue sans péché.

Ainsi soit-il!

ÉLENCTIQUE

Je crois et je proclame que l'Église catholique, apostolique et romaine est la Vérité. Je fais profession d'en être le fils et je lui promets mon intelligence et mon sang.

Je reconnais l'infaillibilité du Pape prononçant sur le dogme « Ex Cathedra » et « Urbi et orbi ».

Quoique ma conscience et ma science me reprochent aucune hétérodoxie, je suis prêt à brûler mon œuvre de mes propres mains, si Pierre l'infaillible la jugeait mauvaise ou intempestive.

S. P.

AUX AÏEULES

Ta gloire, Éreckéenne, je l'ai manifestée ; par la vertu de mon art, la pensée latine a tressailli de ta mystérieuse aventure.

Votre préséance, ô Daïmons, je l'ai proclamée et défendue, et j'y ai songé nuit et jour ; voici que j'élève la seconde enceinte et la seconde terrasse : L'AMPHITHÉÂTRE DES SCIENCES MORTES.

Poète, j'ai dit la nuit d'amour où les dix-vingts célestes tombèrent au giron mortel extasié[1].

J'ai fait la lumière sur toi, Satan le grand coupable[2].

Que votre cœur — race daïmonique, race de la tiare et de la lyre — soutienne mon effort de son battement fidèle !

Que votre cœur — qui enferma tant de témérité — me conseille, me conforte et m'illumine.

L'Église a prononcé sur toi, daïmonité, les paroles du néant, les paroles qui tuent et qui ensevelissent.

Mais voilà que le sang de Jésus a coulé au diamant luciférien et par le tout-puissant crucifié, par le nom et le signe qui sauvèrent le monde :

---

1   Théorie de l'aristocratie humaine dans Istar, cinquième roman de l'Ethopée.

2   Istar, la légende de l'inceste.

au nom du Graal, grand ange condamné, esprit pleurant de repentir, lève-toi et marche, convertir ou confondre les mortels enlisés au réel.

L'oeuvre réparatrice, je la fais ; et comme j'ai dispersé les vains fantômes qui offusquaient l'astre clair de magie, je ruine, par cette oeuvre, le temple de la femme — et par moi plusieurs cœurs verront Dieu — afin qu'il soit pardonné à ma race.

Et toi, sublime taureau, symbole de la pensée forte ! dresse-toi au seuil de cette œuvre vraiment mâle.

Esprit de la terre, souviens-t'en !

Esprit du ciel, souviens-t'en !

SAR MERODACK PELADAN.

À LA JEUNE FEMME
CONTEMPORAINE

Voici la vérité, sainte et nue, sur toi et sur l'amour.

Reçois, ma sœur, ce don précieux que les hiérophantes, autrefois, faisaient seulement aux jeunes reines.

S'il existait encore une vraie princesse, par le monde, c'est-à-dire une femme à la fois puissante au soleil et intelligente devant Dieu, je lui aurais apporté ce livre, au lieu de le publier.

Hélas! les intelligentes ne sont pas princesses, et les princesses ne sont plus intelligentes.

Je confie l'enchiridion de la féerie à ce même courant hasardeux où j'ai jeté le manuel de la Magie.

Des êtres aux idées, les attractions sont proportionnelles, et si par aventure une princesse doit devenir intelligente, ou bien une intelligente princesse, ces pages fatalement s'ouvriront sous ses yeux.

Quant à toi, Mademoiselle ou Madame Tout-le-Monde, qui te crois quelqu'un, parce que le clair de lune te rend rêveuse, et que tu cherches dans l'art d'amoureuses impressions, comprendras-tu?

Comprenais-tu lorsque j'expliquais moi-même publiquement les secrets du binaire[3]?

---

3   Allusion aux trois conférences faites au Théâtre d'Application les 24, 26 et

D'abord curieuse, puis inquiétée de tant de lumière sur ton faux prestige, enfin muette et convaincue, tu as connu ce qu'était le mâle cérébral.

La prétention, ici, doit être la virilité de la pensée, maintenue en une matière où les hommes sont femmes.

Tu effrayes le prêtre qui t'exorcise, tu amuses le mondain qui te flatte : l'un s'exagère ton charme et l'autre ne voit pas ton danger.

Entre le sermon et le madrigal, voici une parole sévère et cependant équitable.

Si tu t'enquiers de plusieurs avis, les uns te diront que je m'éloigne de l'enseignement de l'Église, ou que je blasphème ta sainte absurdité, ma sœur ; je m'en remets à toi pour décider.

Pistole volante, main de gloire, anneau de Gygès, chapeau de Fortunatus, verge d'Aaron, mandragore qui chante, abraxas, philtres et talismans : voilà ce que tu désirerais recevoir du Mage.

Le diable, ses parties et ses possessions, le sabbat et ses luxures, la sorcellerie et ses envoûtements, telles sont les matières que tu lirais avec avidité.

Au lieu de ce fatras criminel, j'ai dressé en mon œuvre une sorte de serpent d'airain : et les malades de la sensibilité, les hallucinés de la passion, les obsédés de la femme, en y touchant, se sentiront guéris.

Sur le couple éternel j'ai jeté les rets de Vulcain, et je convie les êtres pensants à contempler ce que recèle ce faux poème, cette religion blasphématrice de toutes les autres, l'amour, dans le réseau des lois métaphysiques. Vainement tu argueras contre de moi des niaiseries ou des perfidies : j'ai fêlé ton autel, et mes frères les intellectuels avertis se détourneront de toi.

---

28 mai 1892, au profit de l'*Ordre de la Rose* † *Croix du Temple.* (NdE).

A peine alarmée, tu songes à tel individu subjugué, preuve vivante de ton pouvoir : tu te flattes que l'amour défie un volume qui le juge parmi tous qui l'encensent.

Enfant, ta puissance commença par un poème : tu existas par une déformation de l'idéal, il suffit de révéler l'idéal véritable pour découvrir ton imposture :

Quand Orphée, ce Kaldéen civilisateur des Aryas, obéissant à la propension ethnique, instaura des mystères féminins, il te donna l'empire de la sensibilité et tu prêtas serment d'éternelle vassale à l'art et mystère.

Ménades, le sang d'Orphée coule encore sous votre fureur sacrilège : parjures, vous avez même oublié le pacte grandiose. Eh bien, descendant de cette race et sacerdote de ce rite, digne ou indigne, mais légitime, puisque seul je pleure encore le grand Aède, je viens ruiner le rite d'Ionie.

On a parlé de religion à fonder ; il y en a une à détruire, la tienne, femme, et ce livre commence ta ruine.

Vainement tu t'assureras en pensant que tu règnes sur un homme ou plusieurs : tu sais trop bien que de l'imagination dépend cette thaumaturgique faculté des écrivains, et que, ma négation sereine d'aujourd'hui, demain tu la retrouveras incarnée dans les bras d'un homme qui te refusera son cœur, non pour une question de beauté ou de bonté, mais parce que cet homme, mon disciple, saura que t'aimer c'est déchoir.

Joyeuse commère de Paris, tu ne ris plus à ce penser qu'il s'est rencontré un calme métaphysicien simplement assez lucide pour professer, non le danger ou le péché de l'amour, mais son indignité.

Il se forme, ma sœur, une aristie de jeunes hommes qui cherchent l'émotion dans l'art, et dont tu n'auras que l'amitié ou les sens, jamais le cœur. Devant ceux-là, l'absurde que tu incarnes n'osant se montrer, tu serviras Kundry.

Ou bien, renonçant aux hommes supérieurs, tu satisferas tes nerfs et tes intérêts par les quelconques: ce qui ne nuira à personne qui vaille. Prémunir contre toi des mâles qui résisteront à ton emprise, réservant leur cœur pour le passionnément de l'idée eût satisfait la norme orphique; mais la charité voulait que j'ouvrisse devant toi la porte de l'initiation, afin que tu pusses monter jusqu'au plan esthétique.

J'espère que des fées surgiront de cette lecture, comme des mages ont pris conscience d'eux-mêmes, par ma parole précédente.

Alors, ces mages et ces fées ne seront plus des ennemis passionnels, de mutuels bourreaux: conscients du mensonge de l'amour, ils auront des charités et non pas des passions: et les fées refléteront les idées des mages et les mages idéaliseront les sentiments des fées; et qu'il y ait ou non des défaillances de chair, ils ne conjugueront vraiment que des impressions tempérées et leurs cœurs admirables seront remplis du pur désir de l'art et du mystère.

Et ceux-là seront les meilleurs devant Dieu même — et leur salut est certain car ils auront travaillé au salut abstrait de l'humanité.

Et moi, si imparfait pour une telle mission, je serai excusé en mes fautes, pour avoir crié dans le désarroi de la décadence latine:

« Cessez les rites d'Ionie et renversez le temple de la femme! Au nom du Saint-Esprit.

S. P.

LIVRE PREMIER

LE SEPTÉNAIRE

DU

SORTIR DU MONDE

LIVRE PREMIER

LE SEPTÉNAIRE
DU
SORTIR DU MONDE

Passionner la sagesse, sans la faire cesser, étreindre réuni Athèné, Aprodite, et joindre ainsi la fortune au plaisir et le sceptre au baiser, ô rêve de tous les rêves, ô Fée.

TYPHONIA : XIe roman de l'Éthopée.

N'oublie jamais que la femme, cette inconsciente, accomplit une mission singulière de bourrèle attrayante. L'amour n'est rien que la forme la plus douce de la douleur.

COMMENT ON DEVIENT MAGE.

Oui, vous êtes ma soeur, puisque vous récitez tout bas l'hymne de l'irréel que je chante à tue-tête.

LA QUESTE DU GRAAL, prose de la décadence latine.

Il n'y a plus d'autre correspondance d'un individu à l'autre, que les parallèles de la nécessité.

LA VICTOIRE DU MARI. VI. de l'Éthopée.

COMMENT ON DEVIENT FÉE

I

LA NÉOPHYTE

Femmes du monde, êtres futiles et vains..., si je dévoilais vos secrètes pensées d'hier, de ce matin, de maintenant, quelle confusion serait la vôtre, et que de rouge sur votre front d'orgueil!

LE VICE SUPRÊME. I. Roman de l'Éthopée.

Vivre comme l'on pense, élever l'acte au rêve, en un harmonieux accord, proportionner toujours le geste à la pensée et le nombre à la chose.

LA VICTOIRE DV MARI. VI. Roman de l'Éthopée.

Antéros, ô guérisseur des banales tendresses, alchimiste puissant du désir imparfait.

LA QUESTE DU GRAAL, proses de la Décadence latine.

Ne cherche pas d'autre mesure du pouvoir magique que celle de ton pouvoir intérieur, ni d'autre procédé pour juger un être que la lumière qu'il répand.

COMMENT ON DEVIENT MAGE.

I

LA NÉOPHYTE

Cycle de la création : la Principiation
Sacrement :   Baptême.
Vertu :   Foi.
Don :   Crainte de Dieu.
Béatitude :   Renoncement au temporel.
Œuvre :   S'instruire.
Ange :   Michaël.
Arcane :   l'Unité.
Parèdre de Samas :   Goula.

Au baptême, ma sœur, le prêtre souffla sur toi : « Sortez d'elle, forces inconscientes, et cédez la place au Saint-Esprit consolateur. »

Il ajouta : « Soyez telle par votre vie que vous puissiez devenir un temple pour Dieu ! »

Puis, exécrateur : « Je t'exorcise, force inconsciente, au nom du Père, du Fils et du Saint-Esprit, afin que tu fuies et que tu t'éloignes pour jamais de cette créature de Dieu… Celui qui te l'ordonne, élément maudit et condamné, est celui même qui marcha sur les eaux et y soutint les pas de son disciple Pierre. C'est pourquoi, Diable (c'est-à-dire incohérence en ubiquité), que l'anathème reste sur toi pour la gloire du Dieu vivant. »

Le prêtre fit avec son pouce, le signe de la croix sur ton front, ma sœur, disant au Diable, à la force incohérente et ubiquiste : « Ne viole jamais ce signe sur ce front. » Et nouvelle exécration : « Je t'exorcise sous toutes tes formes, force aveugle, au nom du Père, du Fils et par la vertu du Saint-Esprit (*decedas ab hoc plasmate dei*), afin que tu t'écartes de cette image de l'Œlohité[4] qui doit devenir un temple du Dieu vivant et le tabernacle de l'Esprit-Saint. »

Enfin, ma sœur, ton parrain renonça pour toi à Satan, à ses œuvres et à ses pompes : paroles de vérité qui saluent ta naissance. Voilà le premier soin de la mère collective, l'Église, pour tout chrétien ; voilà le troublant mystère qu'il te faut d'abord comprendre pour que ta destinée s'accomplisse aussi harmonieuse, et par conséquent heureuse, à travers l'épreuve de cette vie que dans ton devenir.

La magie est semblable à cette couche liquide que la sonde rencontre toujours, lorsqu'elle atteint une certaine profondeur. Seule, elle te donnera la raison de croire avec le moyen de vouloir. Que la curiosité, à défaut d'un plus noble mobile, te meuve : envisage donc cette force inconsciente, cette incohérence en ubiquité, bannie sous toutes ses formes, qui nécessite cependant l'opposition du Saint-Esprit lui-même, et à laquelle on a dû renoncer en ton nom avec une si grande solennité.

La liturgie appelle cette terrible ennemie : « Esprit immonde, Daïmon, Diable, enfin Satan[5]. »

---

4   Œlohlité : mot exact désignant le verbe divin ministérialisé en la personne des Anges, qui opérèrent la création selon Moïse.

5   Tout ce qui touche à Satan, au Daïmon, sera révélé explicitement au tome III de l'Amphithéâtre des sciences mortes : *comment on devient artiste*, in-8° qui

Daïmon signifie intermédiaire ; Diable, lancé à travers ; Satan, adversaire. La Bible le nomme d'abord Nahash, c'est-à-dire l'instinct dans le sens le plus étendu, ce qui équivaudrait en énonciation plus moderne à inconscient inférieur collectif.

Ce livre de l'initiation féminine, avant de montrer que les formules de l'exorcisme signifient beaucoup plus pour la femme que pour l'homme, avant de montrer Ève, pour ainsi dire à l'état de moyen dont le Diable ou Nahash se sert pour envahir l'homme et le posséder, ce traité énonce le théorème dans sa forme kabalistique. Je te déclare donc ton infériorité devant moi, en tant que nous sommes l'un et l'autre représentants des deux catégories de l'espèce humaine.

Tu es inférieure à l'homme dès qu'il est supérieur, quelle que soit ton instruction : tu es inférieure par essence, par naissance, par constitution, par une fatalité qui subordonne aussi bien ton principe que ton devenir.

L'homme se compose d'un élément, d'une substance et d'une essence ; l'élément se nomme Nephesh, la substance Ruach, et Neschamah l'esprit.

La femme se compose d'un élément et d'une substance, de Nephesh et de Ruach.

Toutefois la substance de l'homme, son Ruach, imparfait, tend sans cesse à changer le rayon de son esprit Neschamah, contre le Ruach surabondant de la femme.

Tu es l'homme comme 2 est à, mais le principe 2, en toi excessif, dans l'homme, se raréfie.

Je t'enseignerai par la suite le secret de mixturer par l'amour les effluves de ton Ruach contre les rayons du Neschamah masculin.

---

paraîtra en mars 89, au vernissage du second Salon de la Rose-Croix.

L'homme devient complet s'il exalte son esprit jusqu'à oublier le vide de son Ruach : tels les saints, les philosophes, les poètes, les artistes et les savants, ils s'alchimisent et leur esprit devient amour et la chair se spiritualise, *et caro verbum factum est.*

Tu peux, ma sœur, toi aussi, te suffire en orientant ton Ruach surabondant non plus sur le Neschamah d'un mâle, mais sur Dieu même : alors tu seras sainte Thérèse, Marie d'Agreda, Catherine Emmerich. Mais tu ne saurais être ni philosophe, ni poète, ni artiste, ni savante, malgré l'exemple de Diotime et d'Hypathie, de Sapho et de Thérèse ; de Mme Vigée-Lebrun et de Mme Dacier.

Nul chef-d'œuvre, aucune formule métaphysique, ne porte dans l'histoire universelle le nom d'une femme ; quand ton sexe a réalisé en art, il n'a jamais dépassé la moyenne des talents masculins de son époque ; et on pourrait bannir des bibliothèques et des musées l'effort féminin, sans y faire un vide.

Toutefois, celles qui œuvrèrent sortirent de leur rôle normal, et non par des mérites, mais en obéissance à une mystérieuse origine que j'ai dénommée dans mon éthopée Gynandre et que j'expliquerai au prochain tome de cet enseignement[6].

Ne crois pas, ma sœur, que je vienne, nouvel Ephaïstos du Prométhée féminin, river, au nom de la police sociale et même des enseignements de l'Église, ces fers que l'homme, en son impuissance de te comprendre, jeta despotiquement sur ton activité propre.

Je t'enseignerai le moyen de combattre ce Nahash qui te persuade contre l'homme et légitime la coercition de l'homme contre toi. Admets d'abord que les colonnes du temple s'appellent amour,

---

6   L'Androgyne et la Gynandre, en leur secrète mission et caractère d'ectypes humains, seront exposés dans *comment on devient artiste* : tome III de *L'Amphithéâtre des sciences mortes.*

devoir, et jamais œuvre ; admets aussi que tu n'as pas ton point d'appui en toi-même et que tu dois réfléchir un homme

ou Dieu. Ce combat entre la grâce et l'instinct qu'on commence pour toi encore vagissante à l'instant du baptême, sera une perpétuelle défaite, si ton Ruach surabondant ne s'élève pas à l'idéal ou bien refuse l'heureuse domination d'un Neschamah.

L'auguste race, dont je balbutie les mystères, voulut rendre la femme consciente, et si l'histoire ne nous a pas transmis les témoignages d'un succès, du moins, après tant de siècles, seulement répressifs de la féminité, ma bonne ambition paraît de donner de la lumière à cette partie de l'humain qui n'entend que la voix inféconde du désir ou de la force.

Et maintenant j'ouvre pour toi, ma sœur, le voile qui fermait le théâtre des mystères, et c'est le plus grand des mâles, l'homme sublime parmi les sublimes, Mosché, qui va, par la révélation de ton origine, éclairer à la fois tes devoirs et tes droits, la mission et ton devenir.

Bereschit[7], chapitre II, versets 15 à 25

15. *Et il instaura — Joah Elohim — Adam au milieu de la vie phénoménale, afin que sa sensibilité s'ébranlât et le fît conscient.*

16. *Et il recommanda — Joah Elohim — à Adam : « de tout le phénoménisme substantiel de la vie, alimente la sensibilité.*

17. *Mais de la notion essentielle du bien et du mal éloigne-toi, car, dès que tu la concevrais, tu sortirais de la stase présente.*

18. *Ensuite Joah Elohim, prévoyant qu'Adam n'arriverait pas de lui-même à l'état de conscience : « Je lui ferai une parèdre, en le dédoublant de son réflexe. »*

---

7   Ceux qui ne connaissent la Bible que par la Vulgate, ou même par les versions allemandes les plus strictes au littéral et même réputées, ne reconnaîtront pas le texte auguste ; ceux qui ont lu la langue hébraïque restituée, déclareront que j'ai souvent suivi le sens de Fabre d'Olivet, et je le confesse, sans son effort d'éclaircissement, je n'aurais pas tenté le mien. Je ne prétends qu'avoir augmenté la lumière qu'il donna le premier.

Quant aux hébraïsants professionnels, leur opinion ne m'importe pas ; je fais la lumière, non pas de la philologie ; je restitue la pensée de Moïse et non pas son texte.

Il m'eût été facile de faire une version juxtalinéaire, à l'aide de d'Olivet ; tout le monde le peut, s'il a du temps, j'en ai fort peu.

Il n'y a qu'à voir la liste de mes œuvres pour comprendre que je ne suis pas plus hébraïsant que romancier, pas plus théologien qu'auteur dramatique, pas plus érudit que poète, et les burgraves de tous ces départements de la pensée ont beau jeu de guetter mes détails.

Je pourrais multiplier les contextes, les manchettes, et témoigner ainsi de ma bibliographie : mais je préfère donner le résultat de mes travaux que leur préparation.

Il faut croire à ma compétence, à ma bonne foi, à ma science, ou sinon la nier.

Je ne prendrai certes pas l'ennui de prouver aux indifférents ma probité intellectuelle : je n'écris pas pour ceux de ma race morale, comme le Janus d'Axel, « Je n'instruis pas, j'éveille. »

19. *Or il avait formé — Joah Elohim — en vitalité organique,
toute l'animalité de la nature et toute la série de l'invisibilité.
Et il fit présent devant la sensibilité d'Adam tout le phénoménisme, afin qu'Adam nommât chaque série selon la relativité
d'icelle : et les noms par lesquels Adam nomma les séries mar-
quaient leur échelle hiérarchique.*

20. *Adam nomma de leur nom de relation tous les animaux de la
série d'invisibilité. Mais il n'y trouva pas l'être de transition
entre lui et la nature, l'être qui fut le rapport de l'élémentaire,
à lui l'essentiel — c'est-à-dire son réflexe.*

21. *Alors Joah Elohim suspendit la sensibilité d'Adam et il rompit
son unité androgyne, et prenant le passif ou réflexe, il l'indi-
vidualisa par une forme où la courbe, qui est la beauté, dominait.*

22. *Ensuite il développa le positif d'Adam quantitativement, pour
tenir la place de son entité passive Aïscha, désormais personne
distincte, il amena Aïscha à Adam.*

23. *Celui-ci s'écria : « Voilà le réflexe de ma sensibilité et la forme
qui correspond à ma forme », et il l'appela Aïscha, principe
inconscient passionnel, parce qu'elle était le dédoublement de
l'intellectuel sensible ou androgyne.*

24. *Aussi Aïsch, l'intellectuel sensible, doit oublier son état androgyne où il était à la fois Aïsch et Aïscha, c'est-à-dire relatif
à lui-même, pour se complaire en son inconscient passionnel
Aïscha, afin de reformer avec lui, momentanément, l'andro-
gynat initial.*

25. *Or l'intellectuel sensible Aïsch et le passionnel inconscient
Aïscha se possédaient sans corporéité organique, car l'harmonie
résultait fluidiquement de leur accord d'actif à passif.*

Femme! binaire! être privé d'intellectualité, ton origine explique ton rôle: après ce tableau du sublime Mosché, je vais rapprocher ces mystères de ton si faible entendement.

Adam fut créé homme-femme, Adam-Eve, il-elle, lui-toi, androgyne. Ainsi au commencement Eve était Adam et femme-homme, et toi en lui, et elle en il, gynandre. — Adam-Eve était semblable à une amande double.

Lorsque les anges préposés à la création disent à Adam-Eve de nomme r l'animalité, c'est-à-dire de déterminer la série vivante, Adam-Eve ne trouve pas un être intermédiaire entre la nature et lui. Il manquait un degré transitoire entre le conscient et l'inconscient. Adam-Eve, contenant son réflexe, le cherchait vainement hors de lui. Les Anges voyant qu'Adam-Eve ne pouvait arriver à la conscience de lui-même, vu son état unitaire, résolurent de modaliser l'androgyne primitif et de dédoubler Eve de Adam. Ils suspendirent la sensibilité d'Adam-Eve et, pendant cette suspension de sa vie sensible, ils rompirent l'unité androgyne, séparant Eve de Adam, la femme de l'homme, elle de il, toi de lui, c'est-à-dire l'humide du sec, le volatil du fixe, le passif de l'actif; et Eve fut une personne, un individu, et il y eut deux êtres similaires et il y eut deux sexes correspondants.

Des trois éléments qui composaient Adam-Eve, deux seulement étaient divisibles: Nephesh, la corporéité, et Ruach, l'âme; par conséquent Adam fut réduit à la moitié de sa corporéité ou Nephesh et à la moitié de son Ruach ou âme.

Neschamah, l'esprit, seul immortel par essence, resta tout entier en Adam. Mais comme Eve était destinée au même devenir qu'Adam, les Anges qui firent prédominer la courbe, qui est la beauté, dans la nouvelle corporéité d'Eve, exaltèrent le Ruach de la femme jusqu'au point où, réflexe de Neschamah, elle participerait à son destin d'immortalité. Il résulta de cette modification d'Adam-Eve une différence perpétuelle dans les moyens du devenir réciproque. Eve posséda une âme constitutivement immortelle, tandis qu'Adam, ayant en propre l'esprit ou Neschamah, ne pouvait mériter la personnalité éternelle que dans l'ordre de l'entendement.

L'Église a condamné la formule : *mulieres non esse homines* ; qui contredisait à la création. La femme fut primitivement indivise d'Adam : le premier verset du Bereschit nous montre la dualisation de la substance en fixe et volatil ; ainsi fut la modulation d'Adam-Eve ; leur différence, rendue complète par leur séparation en personnes distinctes, implique un rôle différent à chacun, qui nous apparaîtra à la peinture du péché originel.

L'interprétation hermétique va heurter une simple routine d'application : on oublie même, en théologie, que l'homme est un composé ternaire, la femme un binaire, et pour ne pas embarrasser l'esprit du commun de cette distinction subtile : du Neschamah masculin, immortel par essence, et du Ruach, exalté ou immortel par conséquence, on ne traite que de l'âme dans les deux sexes. On se refuse ainsi la lumière qui ressort de ces portées différentes de l'activité : elles attribuent la plus grande passionnalité à la femme et à l'homme seul la conceptualité.

BERESCHIT, CHAPITRE III, VERSETS 1 À 24

1.   *Nahash, le courant normal de l'instinct dominait comme principe dynamique inférieur, la création de Joah, et ce courant instinctif attaqua la sensibilité d'Aïscha, lui suggérant : « Pourquoi Joah Elohim ne vous a-t-il pas permis de cultiver votre sensibilité par tout le phénoménisme. »*

2.   *Aïscha opposa à ce courant de vertige : « Nous pouvons exercer notre sensibilité sur tout le phénoménisme de la substance. »*

3.   *Quant à la notion essentielle qui est le centre des rapports Joah Elohim a dit : « Il ne convient pas de vous en approcher, votre sensibilité ne l'affrontera pas, sinon vous mourrez à la vie présente. »*

4.   *Alors Nahash, le courant instinctif, opposa : « Vous ignorez la conséquence de cette mort à la vie présente. »*

5.   *« Car il sait, — Joah Elohim, — que votre sensibilité affrontant la notion essentielle, la conscience naîtra en vous et vous concevrez le dualisme du bien et du mal. »*

6.   *Aïscha, l'inconscient passionnel, se prit à désirer cet inconnu, aspira à le posséder, y devenant l'accomplissement de sa personnalité : sa sensibilité affronta donc le mystère et, s'en étant fécondée passionnément, elle usa de sa puissance de réflexe sur Aïsch, qui l'écouta comme elle avait écouté Nahash.*

7.   *Alors ils connurent avec lucidité qu'ils étaient mutuellement imparfaits et incapables de supporter les mystères qu'ils avaient provoqués, leur esprit se voila et ils tremblèrent dans leur faiblesse.*

8.   *Ils entendirent le verbe même de Joah Elohim qui remplissait le monde de son rayonnement, et Adam et sa compagne,*

effrayés de cette lumière comme d'une voix, eux obscurcis, ils cherchèrent encore à pénétrer la notion mystérieuse comme pour s'y réfugier.

9. *Le verbe de Joah Elohim appela Adam disant: « Qu'as-tu osé ? »*

10. *Et Adam répondit: « L'essence qui m'a ébloui jusque dans ma substance m'a fait voir ma basse relativité et j'en ai été effrayé. »*

11. *Et Elohim lui dit: « Qui a pu te révéler ta relativité si ce n'est cette essence dont j'avais interdit l'approche à ta sensibilité. »*

12. *Et Adam: « Aïscha, le réflexe que tu as individualisé pour m'être compagne, a provoqué sur sa sensibilité l'action de l'essence et par conséquent sur la mienne. »*

13. *Joah Elohim dit à Aïscha: « Qu'as-tu osé ? » Et Aïscha répondit: « Nahash, ce courant vertigineux de l'instinct, a entraîné ma sensibilité vers cet inconnu. »*

14. *Joah Elohim dit alors à Nahash: « Puisque tu as rompu l'équilibre, tu seras le principe incohérent, dangereux à tout ce qui respire, selon ta norme d'attract inconscient; tu seras le bas tourbillon de l'expir élémentaire et toutes les dissonances viendront de toi. »*

15. *Entre toi, l'inconscient élémentaire, et Aïscha, l'inconscient supérieur, je mettrai une hostilité. Elle opposera sa passion à ton vertige et ton vertige viendra stériliser sa passion. »*

16. *Et à Aïscha: « Je multiplierai les points vulnérables où Nahash pourra t'attaquer sans cesse, mais je multiplierai aussi les points sensibles avec ton conscient intellectuel, Aïsch: et tu seras toujours extrême dans les deux sens, en perpétuelle et douloureuse appétence, et sans cesse entraînée vers ton positif Aïsch, dont tu*

es le réflexe ; tu n'auras jamais d'existence propre et tu ne seras colorée que par son reflet. »

17. Et à Adam : « Puisque tu as cédé à ton réflexe inconscient et que ta sensibilité l'a suivi en son vertige, devant cette notion de l'essence que je t'avais interdite, condamné par toi-même, sois donc conscient : conçois les relativités et les rapports, et vois qu'il te faut désormais mériter par la douleur, seule salutaire maintenant, ton immortel devenir. »

18. « La nature, désormais indépendante de toi et désobéissante, te forcera à tout mériter, même les éléments de ta vie végétative.

19. « Ton esprit s'embarrassera sans cesse dans ces relativités et ces rapports que tu as voulu connaître, jusqu'au jour où tu redeviendras androgyne par ta réunion à ton passif réflexe, Aïscha : car ayant été dualisé, tu dois par ton effort revenir à ton unité. »

20. Alors Adam appela Aïscha, son passif réflexe, du nom de Héva, inconscient supérieur, parce qu'elle était le commencement et l'occasion de son devenir.

21. Alors Joah Elohim réalisa en corps organique la corporéité substantielle d'Adam et de Héva.

22. Ensuite Joah Elohim dit : « Voilà Adam à l'état de conscience et à l'état d'option entre le bien et le mal, comme un de la série spirituelle, mais pour qu'il ne tente pas de se refuser au devenir impérieux et qu'il ne cherche à s'immobiliser dans cette stase imparfaite. »

23. Joah Elohim isola Adam-Héva du phénoménisme supérieur, afin que sa sensibilité ne se cultivât que par les éléments analogues à son nouvel état.

24. Adam-Héva ainsi réduit à la norme de la série hominale, Joah Elohim interposa l'entité collective dite Chérubin, en une cir-

convolution allant de la stase primitive, ou édénique, au nou-
veau devenir par la douleur. Et l'entité collective Chérubin
était cette cause seconde, partie conceptible et fécondante du
mystère, destinée par ses mirages impérieux à représenter de-
vant la conscience d'Adam, en atmosphère intellectuelle, un
Nahash de lumière dont le vertige incessant décrirait autour de
la vie sensible, un orbe incitant d'idéalité.

En scrutant ce troisième chapitre de la Genèse, la norme
sexuelle révèle tous les disparates de sa dualité. Cette scène à trois
personnages du premier péché est l'ectype, le premier trait symbolique que la femme précède l'homme dans l'appétit de l'au-delà :
celui-ci n'est ordinairement incité que par la vibration de son réflexe. Le premier mouvement ambitieux de l'humanité vers le mystère a palpité dans le Ruach féminin et non pas dans le Neschamah
masculin. Mais la même dualité survenue dans l'être adamique s'est
produite dans la notion essentielle du mystère et la femme apparaît également, en sa témérité, une occasion de péril et un miroir
d'idéal.

Cet étrange personnage que la Vulgate nomme serpent et qualifie le plus rusé des animaux des champs, ce vertige de l'instinct,
cette force de l'attract, ce ferment de la vie instinctive qui oscille,
neutre en soi-même, du bien au mal, suggère avec une égale force
les desseins de perdition ou de lumière. La Bible nous montre ce
Nahash envahissant le Ruach féminin d'une incitation grandiose
en soi, fatale en ses conséquences, et la vie au contraire nous spec-
tacularise une incitation inférieure aboutissant à de nobles conséquences.

Gurnemanz, en parlant de Kundry, cette figure admirable du collectif féminin, dit aux écuyers du Graal qu'elle n'a jamais menti. Nahash, cet inspirateur de la première Kundry, ne mentit pas en disant à la femme : « Si vous affrontez votre sensibilité à la notion essentielle, vous ne mourrez point de mort ; vous sortirez à jamais du plan de la grâce évoluant désormais sur celui du mérite et du démérite. Le verset 40 exprime avec une rare beauté de notation psychologique comment la première femme provoqua le mystère afin d'en être fécondée et de présenter à Adam un réflexe qui l'éblouît.

La même fatalité, qui exigeait la rupture de l'unité primitive adamique, exigea ce qu'on nomme le péché originel. Il n'est pas, comme on l'enseigne, une réversibilité de démérite du criminel sur ses descendants, mais un arrêt de stricte justice jugeant toute une série coupable du délit de son ectype. Le péché originel pèse sur tous les hommes, non parce qu'Adam le commit, mais parce que tous les hommes l'auraient commis. Il était fatal que le vertige de Nahash entraînerait le réceptif passionnel d'Eve, semblables à des enfants qui s'abreuveraient de quelque boisson forte, Adam et Eve ne pouvaient contempler la notion essentielle sans perdre leur équilibre édénique. Prématurément illuminé d'une lumière trop vive, le premier couple succomba sous la conséquence de son audace. L'aube du désir, c'est-à-dire du libre arbitre, fut pour Adam de chercher son rapport immédiat dans l'ordre rationnel, désir légitime, logique, et qui pût se réaliser par la main des Anges selon l'économie de la création ; le libre arbitre d'Eve se révéla en désir irrationnel d'une témérité inconsciente et qui perdit l'être au profit duquel il naissait. Ainsi apparaît déjà, en ce drame de la curiosité appétente, les deux destinées afférentes, celle d'Adam, équilibrée, consciente, saine et mesurée en ses inspirations, tandis qu'Eve fluctue sous le perpétuel vertige de son Ruach surabondant, sans cesse béante à la fécondation du mystère ou du bien ou du mal.

La lumière provoquée leur révéla leur imperfection; vainement ils cherchèrent dans la conscience illégalement conquise une consolation à leur effroi. La fragile et sereine harmonie du monde initial était rompue et, basse formidable à leur dissonante interrogation du mystère, le verbe divin ne leur donna ce libre arbitre par eux obscurément conçu que sous forme d'un dam qui les établit, eux, nés sur le plan de la grâce en évolution indéfinie, sur le plan de la douleur rédemptrice.

Joah Elohim s'adresse à Adam comme au conscient responsable. Il n'ignore pas évidemment que Eve s'est livrée au mystère pour en présenter un réflexe séducteur à son époux.

Et Adam, conscient de l'erreur de son désir, reproche presque à Joah Elohim d'avoir réalisé son vœu, en individualisant ce réflexe qui a provoqué sa sensibilité par un mirage de l'essence.

La femme se disculpe d'une sorte qui serait moderne si elle n'était perpétuelle. Elle a obéi à un vertige, elle a vibré à l'invitation mystérieuse.

Que résulte-t-il de cet interrogatoire, sinon que l'homme est responsable, positif, conscient de la femme, et qu'il lui appartient de la sauver des vertiges de Nahash.

Au reste, Joah Elohim consacre en forme d'anathème ce caractère insidieux et redoutable du dynamisme déséquilibré que les Septante et les autres traducteurs à la suite ont niaisement appelé serpent : il dit proprement que Nahash, le tourbillon formé de tout l'expir élémentaire, est cette part de l'énormon non orbitré, aux dilatations inférieures et soudaines ; Nahash signifie la part incidente et intermittente du phénoménisme.

En prévision de l'incarnation et de cette femme qui devait rehausser jusqu'au divin le binaire, le créateur oppose à Nahash, inconscient inférieur, le Ruach surabondant d'Eve, qui est l'inconscient supérieur, et il établit l'état de combativité entre Eve et Nahash, de façon à ce que la passion féminine et l'incohérence cosmique se neutralisent tour à tour. Rien de plus clair que les expressions employées ; le créateur multiplie dans une proportion égale les points de la sensibilité d'Eve entre l'homme et Nahash, la condamnant à une suggestion alternée où tantôt elle subit le vertige de l'inconnu, tantôt l'attraction de son positif Adam. Il est impossible de se méprendre à la dernière phrase du 42e verset : « Tu es le réflexe et tu n'auras jamais d'existence propre, et tu ne seras colorée que du reflet mâle. »

Il faut insister encore sur deux points ; le créateur dit à Adam (9) : « Jusqu'au jour où tu redeviendras androgyne par ta réunion à ton passif réflexe Aïscha », ce qui éclaire le devenir humain en montrant que l'état paradisiaque aura pour premier effet de réunir Adam et Eve en un seul être confirmé dans la grâce, après avoir vécu[8] séparément.

Conçois-tu maintenant, ma sœur, ton origine, ta vraie nature et ton rôle. Tu es née du désir de l'homme, tu corresponds à son imperfection. Ton origine t'égale à lui, puisque tu fus d'abord sa partie intégrante ; par l'individualisation, tu lui devins inférieure ; je te l'ai dit, ton âme plus développée possède des facultés d'extase, de prévision, d'intuition qui ont fait les saintes, les sybilles et les pythonisses, comme ton organisme, construit suivant une destinée de beauté affective, enferme une puissance nerveuse momentanée qui te permet de supporter plus de souffrances matérielles. Assujettie

---

8   Voir *comment on devient artiste*.

au cours de la lune, l'astre passif et réflecteur ton emblème, tu es pour l'homme un microcosme, c'est-à-dire la nature subtilisée en sa quintessence ; tu es le truchement entre la vie élémentaire et la vie intellective, tu es le miroir où se réfractent devant la contemplation de l'homme et les mirages confus de l'attract et ses propres conceptions.

Ton office a deux modes : émouvoir l'homme par des mirages d'inconnu, comme tu le fis lors de l'originel péché, et ensuite présenter à l'homme la sentimentalisation de ses concepts.

Retiens bien ceci que tu n'existes pas en dehors de ta réverbération des mirages de Nahash ou des idées mâles. Par conséquent ta destinée sera passive : l'inconnu, quel qu'il soit, le défendu toujours te sollicitent. Il s'agit de te décider pour l'inconnu de lumière et de te concilier avec le permis ; en second lieu, comme Nahash ne peut affecter l'homme que par sa réfraction en toi, l'amour seul t'avertit du bien ou du mal que tu vas faire. Ta puissance s'égale dans les deux sens : tu es semblable à celle qui aurait dans sa main les clés d'une forteresse assiégée ; l'ennemi s'appelle Nahash, si tu l'écoutes, tu trahis, et l'absurde entre en victorieux dans la vie de l'homme ; si tu résistes, la place ne sera jamais prise, et même ton intuition, éclairée par l'amour, peut donner la victoire.

Voici comment Fabre d'Olivet raconte l'entrée de la femme dans la vie sociale :

Deux peuplades allaient se battre ; une femme survient en un désordre exalté, l'ancêtre lui est apparu, et lui a dit : « Voluspa, dis à ta race que moi, premier héros, je leur conseille de s'unir, car de puissants ennemis les menacent également. » L'étrangeté de ce premier oracle frappe ces esprits grossiers, l'événement justifie la véracité de la Voluspa : et la femme entre ainsi dans l'histoire en voyante, c'est-à-dire en inconsciente supérieure.

Fabre d'Olivet ajoute, avec une probabilité qui vaut des preuves, que la femme, devenue prêtresse, institua les sacrifices humains, abusa de son pouvoir et fut chassée en tel nombre, qu'un peuple sans mâle, les Amazones, vécu près du Thermodon, se prostituant à ses prisonniers de guerre pour se perpétuer.

Si, bien plus tard, nous voyons les femmes propager les religions, souffrir le martyre, et, reines, civiliser les rois leurs époux ou bien s'élever à une certaine culture et à des vertus singulières, ce sera toujours quand la religion ou l'opinion d'une époque maîtrisent dans la femme l'action de Nahash et font prédominer l'inconscient supérieur.

Par ton absence de faculté positive, tu es apte à produire les mirages de Nahash et à réaliser sensitivement les concepts de l'homme. Rien ne borne cette double puissance et dans toutes les voies tu peux inspirer, propager, réfracter : muse, être et moyen d'expansion, plasme de toute réalisation sentimentale. Mais tous les actes de positivité, d'autonomie, de création, te sont impossibles, et leur tentative funeste. D'une façon positive, la femme n'est propre qu'au théâtre, au piano, au salon, au lit et au couvent, artiste, chanteuse, pianiste, coquette, amoureuse ou sainte : j'entends la femme de luxe, qui n'a pas de devoirs de famille ou qui s'en moque, au contraire de l'homme qui ne vaut que par lui-même ; tant vaut le mari ou l'amant, tant vaut la femme ; toutefois la religion peut tenir la place du mari ou de l'amant.

T'impatientes-tu pas, ma sœur, non pas de mes jugements : je te fais l'honneur de la vérité entière, mais d'ignorer encore comment on devient fée ?

Ne te figures pas que j'écris fée par crainte d'un néologisme : non magesse serait un blasphème, le Concile de Mâcon qui fulmina contre cette formule *mulieres non esse homines*, revendiquait pour la femme sa dignité de moitié d'homme, mais non pas l'égalité.

La Fée se profile légendairement en apparition belle, bienfaisante, et fantasque, douée d'un pouvoir surnaturel et limité : le Nord l'opposa aux génies de l'Orient.

Contrairement à la légende on ne naît pas fée, on le devient : et la première condition du pouvoir féerique c'est son mystère. Ne pense pas te promener par le monde et la vie, disant : « Voyez ! je suis fée. » Tu n'extérioriserais la puissance que par le trône ou le lit : et tu n'as l'un et je te dissuade d'étaler l'autre aux yeux de tous. Que le mot fée vienne du persan *pery*, en anglais *feris, fairy*, du latin *fatum, fata*, du vieux verbe français *faër*, il exprime l'idée de Norme individuelle momentanée. La légende ne leur attribue qu'un rôle affectif ; Jeanne d'Arc allait à une fontaine aux Fées. Mélusine veillant sur la maison de Lusigan a un caractère exceptionnel : Morgane fantasque et souvent encline à se donner aux chevaliers. Viviane la protectrice de Lancelot du Lac présente plus de réalité psychologique, l'une est galante et l'autre aimante.

Quant à la mourgue d'Avalon qui séduit Ogier le Danois, à Alcine, ce sont de simples passionnées.

Un écrivain de génie, Villiers de l'Isle-Adam, avait comme ncé sous le titre d'Isis, un roman où trônait une sorte d'Apollonia de Thyane, une doctoresse Fauste : il n'a pu finir son œuvre par le défaut même de sa conception.

Fée tu seras l'inconscient supérieur d'un corps et d'une âme ; refoule l'inconscient inférieur, et tu agiras sur autrui dans la proportion même où tu auras agi sur toi.

Ton pouvoir peut être grand, si tu adhères à la lumière. Devenir lumineuse en accumulant sur soi des reflets d'abstraction mâle, et comme la lune aviver la vie sentimentale latente autour de soi, voilà le secret.

Le catholicisme a plus fait pour la femme qu'aucune religion : la Vierge immaculée projette un rayon idéal jusque dans la pire prévarication sensuelle : aucune époque n'a produit autant de femmes extraordinaires que la chrétienne. Toutefois le catholicisme obéissant à l'essence même de la religiosité de s'obstiner à ce point où convergera le grand nombre, appuya son effort sur les vertus générales plutôt que vers la culture.

Il manque un enseignement secret, que l'exception va chercher dangereusement dans le fouillis de l'occulte. Je vais donc, supposant, ma sœur, que tu es catholique et pratiquante, te donner ces leçons spéciales qui font les civilisations.

Sur la famille, je n'ai rien à t'apprendre : l'Église a parlé ; je formule un devoir, nouveau pour toi, je l'appellerai le devoir féerique : tout devoir entraîne un droit, c'est donc une sorte d'émancipation que je t'apporte.

Avant ces discours, se place ici l'opération difficile de t'analyser pour découvrir ta vocation et par là connaître ce que tu dois fomenter, ce que tu dois restreindre.

La personnalité humaine pour mes ancêtres se prismait en sept astralités ou fatalités relatives qui se doublaient elles-mêmes en sept féminités, soit pour exprimer l'androgynisme des dieux, soit par anthropomorphisme, pour différencier de l'esprit ou principe mâle ce succédané, le sous-principe féminin ou inconscient supérieur.

Il te faut retenir le nom des épouses planétaires : Goula — Nannah — Bélit — Zarpanit — Laz — Istar — Tasmit.

La personnalité féminine, pour les Kasdim, se prismait donc en sept facultés, chaque correspondante à une vocation.

Goula[9], parèdre solaire, moi rayonnant.
Nannah, parèdre lunaire, moi intermittent réceptif.
Bélit, parèdre saturnienne, moi égoïste résorbé.
Zarpanit, parèdre jupitérienne, moi brillant.
Laz, parèdre marsienne, moi tyrannique.
Istar, parèdre vénusienne, moi séductif.
Tasmit, parèdre mercurienne, moi égoïste habile.

Es-tu blonde, la peau citrine, la vue délicate, la main petite, le nez noble sans ampleur, de taille moyenne, la gorge développée, confiante en toi-même et sans besoin de suffrage (Goula).

Es-tu très pâle, la tête ronde, l'œil saillant, capricieuse, rêveuse, tendre et perverse, paresseuse, toute changeante (Nannah).

Es-tu grande, lente, bilieuse, sombre, soupçonneuse, misanthrope et ambitieuse (Bélit).

Es-tu forte, rose, vaniteuse et bonne, généreuse et impérieuse (Zarpanit).

Es-tu exclusivement sentimentale et sensuelle, gourmande, aimante, grasse, paresseuse, bien femme en un mot (Istar).

Es-tu rouge, musclée, brusque, énergique, violente ou virago (Laz).

Es-tu petite, souple, aux doigts pointus, habile à tout, sans cœur (Tasmit).

Vittoria Colonna est le type solarien ou de Goula.

---

9   Il faut beaucoup d'espace pour exposer le complémentarisme planétaire ; ce sera la matière d'un ouvrage spécial : *l'Astrologie kaldéenne restituée* par le Sar Peladan avec quatorze compositions du commandeur Gary de Lacroze.

Lucrèce Borgia est le type lunarien ou de Nannah.

Élisabeth d'Angleterre est le type saturnien ou de Bélit

Mme de Sévigné est le type jupitérien ou de Zarpanit.

La grande Catherine est le type marsien ou de Laz.

Mme Récamier est le type vénusien ou d'Istar.

La Pompadour est le type mercurien ou de Tasmit.

Ces femmes extraordinaires ont toutes des planètes secondaires et mêmes tertiaires.

Voici l'astralité en types homériques :

Calypso est un type de Goula.

Hélène	—	Nannah
Pénélope	—	Bélit.
Junon	—	Zarpanit.
Médée	—	Laz.
Briséis	—	Istar.
Nausicaa	—	Tasmit.

Parmi les types familiers aux grands maîtres, on peut indiquer que :

La femme du Vinci	est une Goula.
— de Botticelli	— Nannah.
— de Michel-Ange	— Bélit.
— de Titien	— Zarpanit.
— de Rubens	— Laz.
— de Raphaël	— Istar.
— de Van-Dyck	— Tasmit.

Ne pouvant développer ici le planétarisme, je renvoie à ce que j'en ai dit dans *Comment on devient Mage*.

Le destin d'une femme, c'est un homme ou les hommes ou dieu, c'est-à-dire qu'il y a trois catégories, les amoureuses, les mondaines et les religieuses.

Goula est destinée à la gloire et au malheureux amour.

Nannah à une vie errante de aventureuse.

Bélit au célibat, au cloître, au devoir ou à l'ambition farouche.

Zarpanit aux honneurs à la famille et à l'ambition riante.

Istar à l'amour et au plaisir.

Laz à l'action et au crime.

Tasmit au commerce, aux antiphysismes, aux travestis.

De là sept méthodes de perfection féminine.

Méthode de Goula : procéder par continence, ne pas commettre l'amour, l'irradier, se refuser à un pour agir sur beaucoup ; et se comporter en madone, en se faisant pardonner sa vertu par la bonté.

Méthode de Nannah : vie nocturne, pérégrine et romanesque : actionner par l'imprévu et le côté à la fois câlin et échappant.

Méthode de Bélit : grand sérieux du devoir et scrupule de dignité, agir sur les passionnels par lucidité et la constance d'idée.

Méthode de Zarpanit : suivre la voie générale et observer tous les rites mondains ; se mêler le plus près possible aux choses et aux gens du pouvoir.

Méthode d'Istar : s'attaquer à l'individu isolément et par le seul mirage voluptueux.

Méthode de Laz : apporter sa décision aux irrésolus et son courage aux craintifs, protéger et jouer l'homme auprès des féminins.

Méthode de Tasmit : identification à la personne et au milieu : procéder par détails et diplomatiquement : ici la force de la personnalité est dans son protéisme.

Le faste de Goula, la gloire, le néfaste — l'esseulement.
— Nannah, le romanesque — perversité.
— Bélit, la conception — fanatisme.
— Zarpanit, les honneurs — égoïsme.
— Istar la passion — débauche.
— Laz, l'activité — le crime.
— Tasmit, l'habileté — le mensonge.

Es-tu lyrique, imaginative, concentrée, pompeuse, passionnée, brutale ou rusée ; ou bien comique, perverse, endurcie, égoïste, paillarde, folle et dupeuse.

Voici les hommes qu'il te faut choisir comme époux ou amis :

Goula est heureuse avec Sin.

Nannah	—	Samas.
Bélit	—	Adar.
Zarpanit	—	Nebo.
Istar	—	Nergal.
Laz	—	Istar.
Tasmit	—	Mérodack.

Mondainement, voici comme chacun des sept dames de la féminité se rubrique.

Goula sera la grande dame, Nannah l'incomprise et la chercheuse, Bélit la célibataire ou l'ambitieuse, Zarpanit l'ambassadrice, la préfète ; Istar l'exclusivement galante, Laz la virago, la maîtresse-femme, et Tasmit l'intrigante.

Sans plus préciser les individualisations, les premiers arcanes sexuels sont ceux-ci :

ARCANE I.   *Aïscha fut créée partie constitutive et indistincte d'Aïsch. Son individualisation est une création non pas de Dieu, mais d'Aïsch : de là sa vassalité nécessaire devant l'homme.*

A. II.   *Aïscha était originairement la corporéité courbe et l'animisme vibratile d'Aïsch, qui, en désirant se modaliser, consacra son imperfection : et sa modalité Aïscha correspond à son vide animique.*

A. III.   *Aïscha étant en relation avec la nature, la reflète émotionnellement devant le conceptif d'Aïsch, ainsi seul truchement entre le phénoménisme et la pensée.*

A. IV.   *Le rôle d'Aïscha, dans la chute, lui attribue une faculté incitatrice sur l'esprit d'Aïsch : par la multiplicité des rapports dont elle peut devenir le réflexe condensateur. Elle réalise temporairement toutes les appétences.*

A. V.   *L'amour, ferment d'unification momentanée entre Aïsch et Aïscha, est destinée à pondérer, par la prédominance de la spiritualité de l'homme, les vertiges que Nahash multiplie autour de Aïscha.*

A. VI.   *La femme est littéralement et d'une façon universelle la vulgarisation de l'idéal, la mise à la portée de tous, de l'au-delà. Elle est la beauté pour ceux qui n'entendent point l'art; elle s'appelle la poésie pour qui ne pense pas; elle incarne la volupté pour ceux qui ne savent jouir de l'esprit.*

A. VII.   *Pour l'homme supérieur, la femme est le modèle ou plasme de la nature, parce qu'elle renferme un nombre inouï de rapports élémentaires, simultanément.*

A. VIII.   *Son destin est d'être la montée de presque tous, la descente de quelques-uns, incitatrice des inférieurs, apaisante de ses maîtres, émouvant les instincts, sérénisant la spiritualité.*

A. IX.   *Pour l'homme d'exception, la femme doit être un poème secondaire parmi les poèmes, une œuvre parmi les chefs-d'œuvre, une sœur parmi les êtres, une étude parmi les sérieuses et nobles, la récréation et la détente de la pensée.*

A. X.   *Elle est enfin la spiritualité du commun, et la matière de l'exception, c'est-à-dire le prisme de décomposition comme le plasme de réalisation de l'Éros.*

Avant de te récrier, réfléchis, ma sœur, et à l'honneur inouï que je te fais en te supposant capable d'intellection transcendante, et à l'autorité universelle du texte qui épigraphie ce discours.

Accoutumée à la niaiserie française qui risque des mots sur le mystère, ou à quelque lecture allemande de savants ingénus, tu chercheras d'abord le sentiment de l'auteur : il n'en a pas.

La culture de la femme est un problème un peu plus grave que les autres ; et sa solution demande d'avoir vécu autant que d'avoir médité.

Ce que tu as lu déjà, ce que tu vas lire, n'est ni pamphlet, ni paradoxe, mais une succession d'évidences coordonnées. Ton suffrage ne prouvera pas que j'aie raison : je n'aurai pas tort, même si tu infirmes.

Sur un terrain propre aux madrigaux ou aux imprécations, j'apporte de la lumière. Puisse-t-elle te montrer cette voie féerique, parallèle à l'ascèse magique, qui mène l'individu à son accomplissement dans l'idéal. La seule coloration de ma parole austère sera cette tendresse apitoyée de l'être raisonnable, longtemps spectateur de la duperie d'autrui, et qui s'offre à guider cet autrui dupe et dupeur vers les sommets où l'on ne ment plus.

CONCORDANCE CATHOLIQUE

ARCANE DE GOULA OU DE LA NAISSANCE

La femme ayant rompu l'harmonie édénique, en provoquant le mystère, doit, dès qu'elle est consciente renouveler en son âme l'exécration prononcée pour elle, au baptême, contre Nahash.

Son premier mérite sera d'envisager sur quel plan Dieu l'a placée, afin qu'elle ne tente pas de s'émuler aux voies de l'homme. La crainte du Seigneur c'est le respect du mâle, et le renoncement aux prérogatives du positif doit être le début de l'initiation féminine.

Par là, instruite de son devoir particulier, elle ne cédera pas à ce qui est la mode et le cours des mœurs, préservée de beaucoup de péchés par la conscience de son obscur principe.

Elle se reconnaîtra privée d'esprit, mais d'âme surabondante, et, accommodant ses intérêts avec la charité, mettra sa gloire à sentimentaliser en elle les idées toujours mâles, suivant son œuvre qui est de réaliser le rêve des animiques, belle mission de double réflexe, rendant sentiment pour pensée aux uns et réalité pour désir aux autres.

II

LE MONDE

La vie qu'on mène est toujours peu de chose, à moins d'être Sémiramis ou la reine de Saba; la vie qu'on rêve, voilà la grande et immortelle existence, parce qu'on la continuera au delà de la mort, en expiation ou en béatitude, suivant que le rêve fut normal ou impie.

L'INITIATION SENTIMENTALE, IIIe Roman de l'Éthopée.

Promène le baiser et la lyre parmi le heurt des instincts.

A COEUR PERDU, IVe Roman de l'Éthopée. p. 279.

Les yeux salis, l'attente déçue, condamnée à vivre dans un monde que je hais, trop imparfaite pour le cloître, trop haute pour la vie qui m'attend.

LA QUESTE DU GRAAL, prose de l'Éthopée.

La société est une entreprise anonyme pour la vie à émotions réduites.

COMMENT ON DEVIENT MAGE.

II

LE MONDE

Cycle de la création: La Distinction.
Sacrement: Confirmation.
Vertu: Espérance.
Don: Piété.
Béatitude: Douceur.
Œuvre: Conseiller.
Ange: Gabriel.
Arcane: le Binaire.
Parèdre de Sin: Nannah.

Si tu n'étais qu'épouse et mère, ce livre serait inutile, mais les manifestations de ta vie ont lieu hors du gynécée. Tu n'es pas belle et parée pour ton seul époux, cinquante mille hommes connaissent l'attache de tes seins : tu lis d'autres livres que *l'imitation*, tu écoutes différente musique que le plain-chant, et tu ne fréquentes pas que tes proches. Tu es mondaine, tu as comme l'homme une vie extérieure. L'Église et l'opinion t'imposent leurs lois contradictoires, l'une impérieuse en ses théories, l'autre perverse en ses maximes. Que te dit le prêtre après qu'il t'a défendu l'adultère :

que te dit l'opinion après t'avoir interdit le scandale ? Les bals, les spectacles, les romans, la coquetterie et l'indécence que le prêtre te défend, le monde te les commande, tandis qu'il condamne la singularité par laquelle tu serais pudique et idéale. Entre les mœurs semblables à des ordonnances qu'une gendarmerie impose et la religion qui capitule et se fait opportuniste pour n'être pas quittée, où sont tes règles ? Je les apporte, et acceptant à la fois les mœurs et tes instincts, sans mettre un voile sur ta gorge ou un impédiment à ta coquetterie, je t'offre une méthode pour subtiliser jusqu'à un point de lumière même tes vices. Le monde ne veut de toi que de l'élégance et de la vertu extérieure ; l'Église ne te demande que de la vertu intérieure. Ainsi, entre ces deux formules négatives, tu ne peux concevoir ce qu'on appelle le bonheur que sous forme à la fois de danger et de péché. On n'est jamais dupe de l'idéal, et l'honnêteté apparaît ce parti très sûr où la déception ne se rencontre pas ; il faut cependant la parcourir appuyée ou sur le bâton épineux du renoncement ou sur une théorie complice. Une parole de répression, je ne la prononcerai pas ; j'entreprends de concilier tes appétences avec la vertu et l'idéal avec les mœurs.

Au sortir du pensionnat, tu vois le monde du coin de l'œil ; si tu as un frère, tu en sauras bientôt plus long : ta mère te dresse sur son poing comme un faucon à épouseurs : elle ne donne le vol que pour un homme riche ; elle a raison si tu es pauvre, elle est infâme si tu es riche.

De dix-sept à vingt ans, tu es idiote, puérile, vaniteuse, sans idéal : bourgeoise et insupportable, tu es ce monstre de niaiserie cupide, la jeune fille française.

Tu épouses un homme de ton monde, et selon ta dot ; ton intimité ressemble à un roman réaliste ; mais tu as devant toi le manège mondain, et tu piaffes, animal de luxe, et du fais la roue, paonne.

Il te faut bien cinq bonnes années, tellement tu es vide, pour te dégoûter de la danse sans péché, du *five o'clock* sans intrigue.

Assagie, tu deviens indifférente, sotte, moutonne, sans initiative même pour ta toilette, et madame tout le monde jusqu'à la mort.

J'ai pu exhorter l'homme de vingt ans à s'émanciper de toutes les tutelles, à se dater de lui-même, parce qu'il possède un esprit conceptuel et abstracteur. Je lui ai enseigné le mépris de tout ce qui est collectif, le bornant à la simple crainte des gendarmes, comme un bandit, parce que, conscient, il devient et demeure bon dès qu'il a trouvé son orientation d'au-delà. Toi, ma sœur, hors du devoir, c'est-à-dire de la famille, tu n'as que deux destins qui tous deux dépendent d'autrui : l'amour et le monde. Tu peux être aimée d'un homme ou de tout un public.

Dois-je te rappeler encore que tu es le binaire, le passif, l'humide, le réflexe, le relatif, que tu es le miroir où viennent s'esthétiser les instincts, que tu es le prisme de décomposition du désir universel et aussi le plan de réalisation momentanée de la plénitude animique ? Animal, sois belle ; animique, sois bonne ; inconsciente, sois lyrique. Pour embellir, animise tes instincts ; pour t'adoucir, choisis tes sentiments. Appuie-toi à l'au-delà pour charmer et obéis à l'homme pour valoir. Tu peux tyranniser, régner, mais non pas être libre ; convoiter le bonheur, non pas l'indépendance. La solitude qui seule accomplit l'homme décompose et annule la femme. Seule, tu cesserais même d'être jolie : la beauté se nourrit de regards et de désirs inspirés. J'ai dû détacher l'homme des contingences de temps et de lieu, le désintéresser des questions nationales, parce que son activité le porte à ces vains agissements. Si tu appelles patrie autre chose que ton foyer ou l'épaule de l'être aimé, tu n'es qu'une citoyenne : ferme ce livre et va pourrir.

Remarque que pour calmer l'amour-propre dérisoire que vingt siècles de galanterie et de bêtise ont cultivé en toi, je te fais l'honneur de te traiter comme pensante, et mon exhortation suit le même tracé qui m'a servi pour inciter le mâle au suprême destin de magie. Ton devoir n'est jamais d'attaquer une institution sociale, mais sans cesse d'en corrompre les représentants au nom de l'idéal ; tu dois être une Orphée, lorsque la bêtise menace l'intelligence, tu dois incanter le potentiel féroce de la société et faire trébucher dans les lacs de la sexualité les officiers, les magistrats, tous ceux à qui un pays délègue le pouvoir d'opprimer l'exception ; tu dois, en agissant dans l'ordre des mœurs et par le seul moyen de ton charme, être une perpétuelle conspiratrice en faveur du talent et du génie. Ce commandement ne contient pas le désordre que des méchants y voudront voir.

Les révolutions n'ont jamais été que l'entreprise d'individus exceptionnels que la société voulait forcer au joug général. Le passe-droit, l'exemption, la faveur sont aux yeux de l'homme d'État de véritables soupapes de sûreté pour l'ordre. Quelle que soit la force latente d'un collectif, son explosion dépend de l'unité qui l'épouse et la fait efficiente en l'incarnant.

La femme, ainsi médiatrice entre la loi et l'individu qui la dépasse, loin de désordonner une nation, affermirait sa stabilité. Donc, ma sœur, les gens en place, tout le fonctionnarisme, sera la cible où exercer ta sexualité ; mais prends bien garde de distinguer la fonction de l'homme et de ne jamais accorder aucun respect si ce n'est dans la forme et par habileté aux étiquettes sociales. Sauf l'Académie française, qui est le grand eunuquiat des lettres et qui ne vaut rien, marque de la déférence aux autres classes de l'Institut moins sujettes à la nullité et à l'idiotie.

Il n'y a qu'une preuve de la valeur d'un homme : son œuvre. Quiconque a pu suivre la filière sociale d'une carrière a été comme domestiqué et taré dans son individualisme. Les honneurs dérisoires et les risibles distinctions qui ne doivent pas influer sur ton jugement, ne va pas les convoiter pour toi-même, et que ton corsage ne laisse jamais voir d'autre couleur que celle de ta peau ; car si tu convoites l'honneur d'être médiocre comme un homme, soit par la plume, soit par le crayon, mon enseignement, fâcheux à tes nerfs, ne t'éclairera pas. Tu ne dois rien être toi-même : ton ambition, car je ne te défends aucune passion, doit se réaliser en un homme, par un homme.

Comme j'ai montré au néophyte de la magie l'homme social sous la toise du Décalogue, je vais y placer la femme contemporaine.

I. — *Je suis le seigneur votre Dieu, vous n'en aurez point d'autre.*

Tu dois être fanatique. La religion inventa ton prestige et il faut savoir prier pour savoir aimer. Je ne te pousse pas à cette dévotion qui met l'âme de la femme dans les mains souvent peu subtiles du prêtre ; je te commande la confession, mais je te déconseille la direction. Il s'agit pour toi bien moins de suivre en leurs détails la multiplicité minutieuse des rites, que d'être catholique militante à travers ta vie mondaine. Tu dois te comporter, je te l'ai dit, comme l'alliée du talent et du génie. Tu dois faire plus encore pour l'Église, en étant d'une piété défensive et permanente, c'est-à-dire ne jamais permettre que devant toi un mot effleure le dogme, et marquer l'éloignement à tous les ennemis officiels du catholicisme, même si tu as à les corrompre pour le service de l'art.

Remarque la noblesse du double rôle que je t'ai signalé, soit comme médiatrice au profit du génie, soit comme fanatique élégante au service de l'Église. Tout ton pouvoir sur les mœurs, mets-le au profit de la religion, je ne dis pas au profit des prêtres. A la moindre apparence de blasphème deviens immédiatement hostile, et que l'athée soit obligé à se masquer pour paraître te plaire. Je te développerai ailleurs comment tu peux sans danger ce que l'homme tenterait vainement, même en s'exposant beaucoup : c'eût été une admirable page de l'histoire du catholicisme que les plus jolies mondaines devenues saintement Euménides et de leurs fines mains aux doigts fuselés étripant le Ferry.

La grande dame qui, en plein salon, aurait souffleté de son gant le général vainqueur des moines Prémontrés de Frigolet, par ce seul geste eût redit d'une façon géniale et appropriée à nos mœurs la parole d'Akiba : « Adonaï, notre Seigneur est un ! »

Pendant la dernière persécution, tu as bien été la femelle de ton mâle, femme catholique, catholique de rien. Tu égrenais ton chapelet comme une sotte, tandis que ton timide époux égrenait des articles de Code en une simagrée de résistance qui ne pouvait servir qu'à cette vileté, une candidature.

II. — *Vous ne prendrez pas le nom de Dieu en vain.*

C'est pour toi, femme, que le blasphème s'est dressé en forme d'Église : ce sont bien des églises féminines ces bâtisses ignobles, la Madeleine, Saint Augustin, la Trinité, Notre-Dame de Lorette, etc. C'est pour toi qu'il y a des transparents au fond des absides et que les images de dévotion sont devenues l'écœurement du dessin : c'est pour toi que les lettres, les lettres augustes, ravalées aux niaiseries puériles, ravalent ainsi même les divins sujets : c'est pour toi que la dévotion prend de jour en jour des formes plus réalistes et matérialisées ; c'est par toi, aigre troupeau de dévotes, que l'intelligence et l'art n'ont pas leurs stalles à l'église et leurs œuvres à ses murs.

III. — *Souvenez-vous de sanctifier les fêtes.*

C'est pour toi que les cantiques imbéciles fatiguent la voûte des églises, que le clinquant et la bigarrure vulgarisent les autels, c'est pour toi que le pifferaro Rossini a écrit son *Stabat*, c'est pour toi qu'on exécute les inanités de Faure le franc-maçon. C'est ton influence qui a substitué Gounod à Palestrina, Bouguereau à Delacroix et Henri Lasserre à Lacordaire ; depuis que tu es devenue presque le seul public, l'éloquence de la chaire semble morte.

IV. — *Honorez votre père et votre mère.*

Fils de l'Église, je me tais sur les matières propres de son enseignement : je ne suis que le veilleur d'esthétique. Les poètes et les artistes inventèrent ton charme, ton pouvoir, et tu dois à l'art toutes tes joies. Cette merveilleuse fugue de l'âme qu'on nomme amour, toute ta raison d'être, c'est le contrepoint du génie sur un simple *leit motive* de l'instinct. Sans le frémissement des lyres qui t'auréolent, tu serais la femelle et rien de plus. Quand tu rayonnes, entourée, désirée, dans les fêtes, as-tu jamais pensé que, pour suspendre tant d'êtres conscients aux mouvements absurdes de ton éventail et aux battements de tes paupières, il a fallu que Platon inventât Diotime et Dante Béatrice, que Shakespeare réalisât Cléopâtre et Juliette, et qu'il fût une partition de Wagner assez puissante pour te faire confiner à l'absolu dans l'âme de tes soupirants. Cependant, imbécile et creuse, tu défais de tes mains l'autel et la parure dont le génie t'avait dotée ; à l'instar de la noblesse du siècle dernier, qui aidait les bandits de la pensée à ruiner la monarchie, les idéalistes seuls servent ton intérêt. Pour ce que tu contiens de volupté positive, vraiment n'en parlons pas : ta réalité, même dans la possession, se réduit à une progression nerveuse pour les uns et à un spasme pour les autres. Ton charme c'est ton nimbe, tu l'as reçu de l'art, et en retour tu as accueilli le réalisme ! Sais-tu bien ce que devient la femme et l'acte d'amour en réalisme ? Et si, laissant le côté sale de tes dernières lectures, je vais voir au théâtre les pièces que tu applaudis, j'y trouve avec des mots moins brusques, mais sous des formes très parlantes, la dépréciation la plus redoutable de tes pompes et de tes œuvres. Si tu connaissais l'*Astrée*, tu rirais de ces beaux sentiments, inconsciente, sans songer que tu ne trouveras dans le cœur des hommes de ton temps que les mêmes sentiments dévoilés par l'art contemporain.

V. — *Tu ne tueras point.*

Méridionale, tu perds ta virginité dans cette pollution étrange qui naît de la vue d'un cheval éventré ou d'un taureau blessé. Quelle que soit ta zone, l'uniforme du meurtre te fascine. Tu n'aimes pas seulement le militaire, tu l'épouses, et dans l'histoire, tu préférerais dès le couvent les assassins, les tortionnaires, le Bonaparte. Mais que vais-je arguer de tes tendances de femelle primitive lorsque des faits récents te montrent toi-même meurtrière ? La magistrature et l'opinion absolvent la femme qui tue par jalousie, comme si la passion pouvait justifier le crime. Il a fallu que tu fausses le cerveau de toute une époque, pour qu'on acquitte tes jets de vitriol et tes coups de poignard : il a fallu que la notion de l'amour se perdît, pour qu'un peuple qui a des bibliothèques et quelques membres civilisés accepte cette conception ridicule dont tu t'autorises pour satisfaire à la fois ta cruauté et ta luxure. Répliquer par la mort à l'infidélité équivaut à appointer les épées de théâtre, à charger réellement les pistolets d'un drame. L'amour étant un terrain de vertige et d'inconscience, rien de ce qui s'y produit n'a droit à de tels corollaires, et la magie enseigne, en même temps que le sérieux de l'amour, sa limite, qui toujours reste bien en deçà de la question de vie ou de mort.

VI. — Vous ne commettrez point d'adultère.

C'est le seul commandement que l'Église t'impose ; mais la société t'en affranchit par une légalisation de l'adultère, qu'on nomme divorce.

Sois prude femme, certes ; mais, à tout le moins, sois une vraie mère : et si tu es mère, tu ne peux divorcer sans tuer la filialité au cœur de tes enfants et la notion de la famille dans les mœurs.

VII. — Vous ne volerez point.

Il y a le vol moral, le vol devant l'opinion, qui consiste à prendre pour la gâter la réputation d'autrui : médisance et calomnie en sont les formes connues, et je m'étonne toujours que les confesseurs n'exigent pas de leurs pénitentes ce qui est écrit dans tous les directoires spirituels, au chapitre de la restitution. On doit rétracter la calomnie devant toutes les personnes qui l'ont entendue et dans des conditions semblables de publicité et d'éclat. Je prie certaines dévotes, que ce livre scandalisera, de s'examiner sur ce seul point avant que juger ma doctrine.

VIII. — *Vous ne direz point de faux témoignage.*

Le faux témoignage de la femme consiste à aider de son charme le mauvais goût, la vulgarité et l'incohérence. Comme elle est l'être attractif et rayonnant, elle ne doit pas paraître en tel lieu, rayonner en telle circonstance où l'idéal est blasphémé.

IX et X. — *Vous ne désirerez pas l'homme ni le bien d'autrui.*

Or la femme désire exclusivement l'homme d'autrui ; aima-t-elle jamais celui qu'elle fut seule à aimer ? Même en dehors de la compétition amoureuse, la femme est atroce à la femme. Le regard qu'elles croisent, les mots qu'elles échangent ou qu'elles insinuent, épingles qu'elles cherchent à planter chacune dans la sensibilité animique de l'autre, forment la plus irréductible façon de la haine. La répression religieuse réduit rarement ce point renaissant de méchanceté.

Ainsi, tu as suivi l'homme en ses blasphèmes par indifférence ; ou bien ta dévotion, le catholicisme, l'a payé, par la nécessaire imbécillité et la niaise laideur de rites à ton image. Tu as profané l'art aussi, cette seconde religion ; toi née de la poésie et du dessin, tu n'as jamais eu la moindre filialité : tu assassines et tu te plais aux tortures : tu acceptes le divorce, ce concubinat, pour un mariage, et ton prochain féminin, tu lui veux plus de mal qu'on n'en pourrait rêver.

Compare, femme, ton indignité et celle de ton époux, mets-toi en présence de la même équité, et dis-moi que tu n'es pas la très digne compagne de l'atroce contemporain.

Ton homme a exécuté les Décrets ou les a laissé exécuter, et tu as accueilli à ton foyer et à tes fêtes les exécuteurs ou leurs connivents.

Tu prétends être grande dame, et tu reçois des gens riches, simplement parce qu'ils sont riches : c'est pour ton propre compte que tu accueilles les journaleux, et ton impudeur est telle que tu laisses les feuilles publiques décrire ta chambre à coucher. Tu n'attends pas l'interview comme ton mari, tu l'implores : ainsi les tares de ton foyer feront un jour la matière d'un Premier-Paris.

Es-tu dévote, tu repousses l'art comme un péché ; es-tu artiste, tu ne cherches qu'un vain prestige et à cacher des débordements derrière un châssis. Un homme ne vaut que par l'idée qu'il manifeste : une femme ne vaudra que par le sentiment qu'elle épousera.

Or, je te le demande avec ironie, que manifeste ta grâce, quand tu en as, et ton influence, l'emploies-tu pour l'art ou la justice ? Entre le mauvais goût et ta pudeur je n'ai jamais vu ton éventail, pauvre contemporaine réduite à ton lit comme une fille. Le salon, ce théâtre de gloire où tes aïeules faisaient le ton, les mœurs et les succès, le salon est un lieu banal que tu meubles, toi qui y régnas.

Il faut reconquérir ton pouvoir, redevenir la Dame : au nom de l'idéal, domestiquer les hommes de ce temps. Si tu n'as plus d'amour, c'est que tu n'as plus de foi : tu ne crois plus en toi-même.

Oh ! niaise, tu as laissé les goujats te montrer sur la scène en prostituée, en chienne, en monomane : tu as applaudi, chaque fois qu'un auteur profanait les beaux secrets de la volupté : tu es allée te frotter aux filles, tu as pris leur ton, sinon leur vice, et tu cherches ton prestige : il est à terre, il est perdu, l'homme du Médan a piétiné et sali ton image, et les pollutionnels sont venus t'ôter le dernier éclat de ta féminité.

Si tu ne veux pas, demain, être troussée de la main dans les coins des salons comme tu l'es du regard quand tu passes ; si tu ne veux pas devenir pour la génération des voyous laïques la femelle ; si tu veux relever les autels pollués, écoute-moi :

O femme, tu es partie intégrante et de l'homme et de l'art et de la culture : en te sauvant, tu les sauves.

Épouse l'inconscient supérieur, épouse l'idéal, ma sœur ; je te promets la gloire, je te promets le bonheur comme le salut.

Redeviens la fée, concerte ton effort avec celui du mage, et qu'ainsi l'androgyne soit reconstitué pour le règne du Divin.

Je ne veux pas monter ton corsage, accuser ta coquetterie, t'interdire la toilette ou l'indécence ; non : tes défauts, garde-les tous ; je ne viens pas en prédicant austère, j'ouvre au contraire à ta vanité, à ta sensibilité, une carrière nouvelle : sois la bienvenue Célimène ; mais sur ta ronde épaule nue laisse-moi attacher un ruban en forme de croix.

Mondaine, presque courtisane, sois du moins une courtisane sacrée. Exalte ta beauté, séduis ; mais, semblable au chevalier qui ne faisait point peser sa vaillance sur tous ceux qu'il rencontrait, n'attaque pas ton suzerain, l'esprit mâle, et que la féerie éblouisse de joie et guérisse un moment l'angoisse qui habite toute créature les simples, les serfs.

CONCORDANCE CATHOLIQUE

ARCANE DE SIN OU DE LA CROISSANCE

Après se connaître il faut s'orienter : voir où vont les mœurs du temps où elles mènent la femme qui s'abandonne à leur courant : ni au salut, ni au bonheur. Il faut donc prendre conseil de l'idéal et des beaux exemples de l'histoire afin de devenir un vivant et perpétuel conseil.

Toutefois, la femme a pour toute action l'intrigue ; pour unique scène, le salon ; elle ne doit pas militer par sa conduite, mais par sa seule humeur : charmante aux belles œuvres et aux héroïques sentiments, froide et distante aux vilénies et aux bassesses.

Jamais sa douceur ne doit cesser, sa prétendue faiblesse lui vaut d'insignes impunités, très précieuses.

En face du monde, la femme doit être une coquette, qui ne sourit qu'aux idéalités, et, gardienne du goût, combattre tout le vulgaire, afin que sa personnalité sexuelle s'entoure de prestige et la rende apte à donner du bonheur aux simples selon la loi de charité qui ne contredit point à la bienfaisance de la beauté et à la faculté curative de la grâce extérieure.

III

RÈGLES DE MONDANITÉ

Tout ce qui ramène l'homme à l'instinct et le parque en troupeau, l'affranchit de son plus douloureux privilège : vouloir et choisir.

TYPHONIA, XIe Roman de l'Éthopée.

Vertu, se lit-elle sur ta bague ? Alors, femme, épouse toute la pensée d'un siècle ; sème ton secours parmi les héros ; donne un théâtre à Wagner ; paye les dettes de Balzac ; fais jouer Glück ; sois la noble providence du beau et de ses prêtres.

LA QUESTE DU GRAAL, proses de la Décadence latine.

Savoir par quelles lois ta main serrée met en mes veines une joie chaude ?

LA VICTOIRE DV MARI. VIe Roman de l'Éthopée.

Au-dessus du laurier, il y a le nimbe ; au-dessus de l'amour, il y a la charité ; et toute chose ne vaut que par réverbération de dieu.

ISTAR, Ve Roman de l'Éthopée en 2 vol. in-18.

Avez-vous du génie, avez-vous de la vertu ? Eh bien, je vous appellerais manants et canailles, si je n'étais le moine pour qui tout homme et lui-même n'a qu'un nom, le pécheur.

LE VICE SUPRÊME. I^e Roman de l'Éthopée.

III

RÈGLES DE MONDANITÉ

Cycle de la création :   l'Extraction.
Sacrement :   Eucharistie.
Vertu :   La Charité.
Don :   Science.
Béatitude :   Pleurer.
Œuvre :   Consoler.
Ange :   Samaël.
Arcane :   Le Ternaire.
Planète seule féminine : Istar

Il y a sept dangers mondains que je te signalerai d'abord : la compagnie des femmes, les coteries, le journal, le jeu, le sport, la curiosité du lupanar et le théâtre bête.

Si tu peux sans dégoût te plaire à ces escarmouches de haine latente, invariable commerce des femmes entre elles ; si tu épouses, noble, le faubourg ; bourgeoise, la gent riche ; lettrée, l'Académie ; tu gâtes ton charme par ton identification avec ces divers sectarismes. On n'obtient la description de ses toilettes et l'éloge de ses bals qu'en invitant des journalistes : si tu touches une carte pour te distraire, tu es une sotte, n'as-tu pas le jeu sexuel ? Si tu joues pour le gain, tu es un peu moins qu'une fille ; si tu suis l'homme du monde, ce toujours imbécile, dans ses exercices de pitre et de maquignon, tu n'obtiendras de lui que des amours de cirque et des caresses d'écurie : si tu te laisses conduire en ces lieux sales de Montmartre où un semblant de littérature vernit le gros numéro, tu autorises l'homme à te traiter selon le rite voyou ; si tu pousses l'impudeur jusqu'à paraître au café-concert, tu n'es qu'une gouge ; si enfin pour extasier les porcs que tu as invités, tu dresses dans ton salon des tréteaux pour les histrions de l'ordure, tu t'assimiles momentanément aux tenancières de lupanars. Car ce sont là les œuvres de Nahash contemporain et autant d'abominables péchés contre le Saint-Esprit lui-même.

Veux-tu devenir fée : renonce aux papotages de ton sexe ; renonce à ta coterie, toujours un agrégat de stupidité ; renonce à donner au public immonde un courrier de tes décolletages et de tes sirops ; renonce au tapis vert, tu y perds tout ton prestige en l'approchant, et ton prestige, c'est l'étoffe avec laquelle tu peux faire du bonheur ou de la fortune : renonce à ouvrir les haras de ta sollicitude et améliore l'âme des hommes de ton temps, — ce sont aussi des bêtes ; — renonce enfin à tous les lieux où la vulgarité et le cynisme détruisent les notions d'où tes forces dépendent. Je ne me résigne pas à salir cette œuvre de lumière d'un nom de boue, mais retiens que celles qui empuantissent l'atmosphère nocturne de Paris de leurs vomissements et de leurs torchons sont les monstres qui, dédorant le nimbe sexuel, préparent la mort de l'amour : ta seule raison d'être.

Voici les réformations de ta vie extérieure, et souviens-toi que ton intérêt les dicte. L'office du mage n'est pas d'amener la néophyte à une vertu artificielle et souvent contraire aux individuelles tendances, mais à lui révéler son heur véritable au temporel comme au spirituel, concordant la recherche du bonheur et la maintenance du devoir.

Arcane XI. Toute réunion de femmes expire une fluidité de même nom que leur état d'âme : cet expir crée une atmosphère morale qui agit sur l'âme dans une proportion plus intense que l'atmosphère gazeuse sur le corps.

Quel est l'état d'âme de la mondaine à son cinq à sept, et quand elle fait ses visites ? Ou une bienveillance pour quelqu'un l'absorbe ou sa malveillance sur tous rayonne. Sans but sentimental, la femme se félicite du malheur d'autrui ou enrage de son heur, incapable de justice dès qu'il s'agit de son propre sexe et bonne seulement en apparence quand sa vanité se fomente de l'infériorité d'autrui. Au café, au cercle, le mâle apporte la vacherie de sa bêtise, sans aucun passionnément. Le clubman n'aura pas un mouvement de haine pour un vêtement mieux coupé que le sien et les rapports entre hommes ne sont perfides que dans des cas limités. Le mâle vantard, vulgaire, vide, n'a pas de haine permanente, tandis que la femme est toujours méchante à la femme, en un rut perpétuel de malveillance, que l'on constate à l'état monomanique, surtout chez la provinciale.

A. XII.   Ce qu'on appelle jeu, c'est-à-dire un moyen mécanique de suspendre la pensée, constitue un attentat contre la femme qui doit s'emparer selon sa norme de tous les moments où la pensée chez l'homme est suspendue.

Ton rôle mondain, ma sœur, consiste à produire des mirages sur l'homme et à empêcher les passionnalités de lui venir hors de toi. Il te doit ses inoccupations, il te fait tort de se recréer, de s'amuser comme on dit, autrement que par tes rites. Donc le jeu te frustre d'une quantité d'âme qui t'appartient.

A. XIII.   *Le jeu comme moyen d'avoir de l'or est illogique chez la femme puisqu'elle est douée pour agir sur le joueur même.*

Le dandysme féminin réalise ses désirs par la sexualité, et chaque fois que la femme demande son succès à un autre moyen, elle semble un pilote qui lâcherait sa barre pour mieux tordre un filin sans importance.

A. XIV.   *Pour obtenir cet accord des causes secondes nommé chance, la femme doit agir d'une façon esthétique et produire sur l'autrui masculin le mirage de son propre désir.*

Cette sultane Schéhérazade qui, dans les « Mille et une Nuits », prolonge son existence condamnée par chaque conte qu'elle invente, allégorise le procédé féminin.

A. XV.   *Sauf pour la prière, toute assemblée de femmes n'engendre que des ténèbres : sauf aux époques troublées où leur enthousiasme a besoin de se fomenter, elles doivent se fuir, car en leur similitude elles opposent leur seule combativité.*

A. XVI.   *Le rôle primitif de la femme fut d'émousser les instincts de l'homme barbare et cette fonction continue dans la civilisation.*

Celle qui assiste aux courses de taureaux, aux luttes athlétiques, aux combats de cailles, de coqs, celle qui chasse, viole le commandement spécial, fait à son sexe d'incarner la sensibilité dans sa douceur.

A. XVII.   *La femme assez cruelle pour se laisser offrir le pied pleurera : les larmes du cerf ne tombent jamais impunément.*

Dans l'Écriture, chasseur signifie brute, et désigne le premier colosse d'atrocité, Nîmroud. Il ne faut pas cependant s'inspirer du respect panthéistique et hindou de la bête, qui s'étend jusqu'à la vermine. La règle est donnée par la nécessité même, et le délit commence au meurtre de plaisance.

A cette place du discours que j'ai adressé à mes frères je disais que l'acte sexuel a toujours lieu à l'hyperphysique comme au physique et qu'il décalque un peu de l'indignité du partenaire.

Ta double conformation, matérielle et morale, transpose la question au volitif, et, te traitant en coquette, non en galante, je qualifierais de complaisance et de dilection momentanées ces escarmouches sexuelles dont le nom ancien est coquetterie et le récent, flirt.

A. XVIII.   *La femme n'ayant pas de personnalité fixe se modèle sur le désir qui l'entoure, et le reflète, Idéale, si les hommes présents sont idéalistes ; bientôt cynique, s'ils sont grossiers.*

Tu dépends en ta beauté de ceux qui te regardent, en tes sentiments de ceux qui t'aiment, en tous tes actes de ceux qui t'entou-
rent. Tu seras donc belle, aimante, noble dans la proportion même
où la mâleté qui t'approche sera belle, aimante et noble. On dit que
l'auditoire fait l'orateur, et le public le mime, et l'occasion le larron,
et la robe le moine et le temps l'humeur : ainsi les hommes font
la femme, c'est-à-dire actionnent son réflexe suivant leurs propres
tendances.

A. XIX.   *Il y a une coquetterie de l'âme qui consiste comme celle*
            du corps à paraître aussi jolie que possible, et, pour
            une femme paraître, c'est être. Il y a une toilette des
            sentiments comme des membres.

La coquetterie est l'art de produire le désir d'un sexe à l'autre
par des manifestations à la cantonade qui fomentent la mentalité.
Or, pour emprunter à Stendhal le seul mot heureux que l'amour lui
ait inspiré, la cristallisation animique sera plus difficile à produire
que le rut. La plupart des mondaines prétendent à un certain esprit,
parfois même à la compréhension des chefs-d'œuvre, non qu'elles
se jugent transcendantes ni qu'elles aiment l'art, mais parce qu'elles
savent combien ce genre d'impression est plus durable et décisif
sur l'homme. A défaut d'élévation, il y a chez beaucoup d'êtres une
sorte de respect humain qui les empêche de dévoiler leur maté-
rialité ; ils se fardent au contraire d'une élévation d'emprunt. C'est
par là que la femme habile obtient les faiblesses les plus conformes
à son intérêt. Le cynisme en amour serait presque une force pour
l'homme, aussi la femme ne doit-elle jamais admettre qu'on se manifeste tel qu'on est, mais bien semblable à ce qu'on pourrait être
dans le sens romanesque. Réduite au plan de luxure, elle perd le

plus grand nombre de ses mirages ; ramenée à sa réalité physique, son pouvoir et son destin se restreignent, s'ils ne sont pas perdus.

Il faudrait tâcher de comprendre, ma sœur, que les mots eux-mêmes sont des forces ; soit que tu les prononces, soit que tu les écoutes, ils donnent la mesure de ce que tu inspireras. Avoir un béguin, marcher avec un tel, autant de formules qui réduisent ton charme.

A. XX.   *Il y a une intimité, entre l'œuvre à la mode et l'amour à la mode.*

Prends donc bien garde de ne pas patronner de ta présence et de ton applaudissement des œuvres qui te nient comme celle de Médan et te ravalent au rôle de femelle. Tu profites de toute élévation de pensée : donc patronne et favorise toutes les tendances subtiles, romanesques, éthérées, car la sensibilité d'une époque dépend de son esthétique et tu seras aimée, selon *l'Astrée* ou *l'Assommoir*, suivant la *vita nuova* ou les liaisons dangereuses, selon Offenbach ou Wagner.

A. XXI.   *La femme modifie incessamment sa sensibilité sous l'action positive des hommes sans amour ; mais elle devient modificatrice des hommes qui l'aiment.*

Tu le vois, ma sœur, il te faut commencer la vie sentimentale par l'amitié ; tu ne peux opérer ta féerie toi-même : la légende l'enseigne : Viviane devait tout son pouvoir à Merlin. Je suis gêné pour t'indiquer quel initiateur convient : le prêtre actuel allie rarement la subtilité à la foi, et son ingénuité te serait funeste comme sa tiédeur ; l'artiste contemporain ne pense pas ; le savant aveuglé par les infiniment petits de son microscope et l'écrivain sans métaphysique appliqué à une stérile peinture de l'extériorité me semblent, chacun pris à part, incomplet. En outre, leur habitude de ne s'attacher à la femme que par concupiscence te comblerait d'ennui. A défaut du croyant subtil, choisis plusieurs amis intellectuels, soit : un artiste, un savant, un écrivain et un théologien. Inspire-leur le goût d'un parrainage de haute culture, et qu'ils accomplissent ta personnalité par joie de faire une belle œuvre de ton âme[10].

A. XXII.   La femme ne doit s'instruire que dans le sens de la compréhension, et tout rapporter à l'art sexuel.

A. XXIII.   L'art sexuel se définit l'ensemble des procédés artificiels propres à régler les avantages naturels afin de produire sur l'homme la plus rayonnante impression de beauté physique et morale.

A. XXIV.   Lorsque la femme officie d'une façon permanente le rite de la double beauté physique et morale, non pas vis-à-vis d'un être, mais de tous les êtres, elle est fée.

La féerie est l'application de la charité à la beauté, c'est-à-dire la grâce physique et morale rayonnant sacerdotalement et non dans un but de recherche amoureuse.

Il ressort de ces arcanes, que tu dois envisager la culture comme une toilette transcendante. En exemple, tu ne dois en histoire savoir aucune date, de simples divisions en commencement, milieu et fin de siècle ; mais approfondis la caractéristique des époques, c'est-

---

10   L'éducation de la princesse d'Este, dans le vice Suprême. Les définitions de la beauté dans l'Art idéaliste et mystique, doctrine de la Rose-croix, par le Grand Maître.

à-dire leur formule animique. Parmi les procédés augmentatifs ou régulateurs de la beauté, le plus important c'est l'intimité avec le chef-d'œuvre ; tu ne devrais ni écouter une pièce des Variétés, ni regarder un journal illustré comiquement ! Tu devrais cultiver en toi la répulsion pour le contemporain et le grotesque, et regarder les choses d'un Armand Sylvestre comme abominables et sacrilèges. Remarque que le rôle féerique te revêt d'une magistrature admirable, en te confiant le soin de repousser la tendance masculine générale, — qui consiste à pousser la femme vers la femelle, le théâtre vers la copie de tous les jours, la peinture vers l'instantané et la philosophie vers le dilettantisme.

En unissant sans cesse l'idée grecque de la beauté en tout à l'idée chrétienne de la charité, tu deviens prêtresse de la sensibilité masculine que tu sollicites parfois à monter, ou que, du moins, tu maintiens dans une formule élevée. Donc, ma sœur, cultive ta double beauté par plusieurs amitiés intellectuelles et ainsi préparée et parée, rayonne sur tout l'autrui. Rayonne physiquement, sans souci du mouchoir de Tartufe, montre ta gorge si elle est belle : Michel-Ange a déclaré à l'encontre des prédicants qu'il vaut mieux voir la peau d'un être que l'étoffe de son habit. Sois belle avec tous les fards et tous les dénudements qui conviendront à tes formes.

Mais ne sois jamais ni familière, ni d'abord facile : ne te donne qu'aux yeux.

Je sais que la concupiscence naîtra souvent sous tes pas ; mais la civilisation se base sur cette même concupiscence Le désir sexuel féconde beaucoup d'êtres.

Si tu es belle pour être belle et non pour un but d'intérêt, je t'absous, tu n'es pas seulement excusée, je te loue !

Rayonne moralement : en provoquant les nobles sentiments, sois l'alliée militante de l'esthétique, entêtée d'idéal, et que te plaire signifie se conformer aux plus hautes notions. Je répète une loi que j'ai déjà donnée :

A. XXV. *La femme est le prisme où le désir mâle vient se dé-*
      composer : elle est le plan analytique de l'Éros, la
      concrétion idéale.

J'ajoutais parlant au futur mage :
Ne l'aime qu'à mi-corps, si tu le peux ; à mi-cœur il le faut.

Or je ne veux pas paraître étourdi et contradictoire, et je dois concilier l'intérêt si différent du Mage et de la Fée.

Le mi-corps signifie que l'initié a les plus grands avantages à ne jamais se laisser envahir de concupiscence et surtout à n'y pas céder.

Le mi-cœur déclare que les hommes supérieurs ne doivent jamais dépasser la dilection : la passion, seule muse de la plupart, sera toujours désastreuse pour l'exception.

Tu conclus toi-même que l'initié n'est pas fait pour t'aimer, mais pour te commander, que son rôle près de toi sera fraternel et non pas passionnel.

A. XXVI. *L'instinct de la femme, c'est de posséder.*

Elle veut conserver en amour, elle est propriétaire par-dessus tout.

Or tu n'as droit de propriété, ma sœur, que sur l'homme ordinaire.

L'extraordinaire se dresse devant toi, comme une sorte de prêtre moins pur que l'autre, respecte-le pourtant.

L'amour étant la vulgarisation de l'idéal ne sert au mage que pour la culture et l'entretien de sa sensibilité : son heur et sa lumière sont au delà, tandis que l'amour apothéose de la femme doit être pour elle l'ambition et le mobile de sa sensibilité : son heur et sa lumière sont là.

L'être propre à te guider ne peut être ton amant dans l'amplitude du mot : tu t'efforceras de passer ma défense selon ton rôle d'éprouver les fermetés et d'oxyder les vouloirs ; tu seras vaincue cependant, pour la plus grande gloire de l'idéal.

L'amour, c'est l'idéal laïque, et l'idéal, c'est l'amour sacré ; l'intellectuel appartient à l'idéal ; et s'il t'aime il renonce à son vœu d'adorer la divine essence dont tu n'es, ma sœur, que le pâle reflet en tes plus hauts moments.

CONCORDANCE CATHOLIQUE

ARCANE D'ISTAR OU DE LA NUTRITION

L'Église a borné ses commandements au plan animique, parce que le grand nombre des hommes n'ont que de l'âme, comme des femmes, leur esprit étant obscurci et comme inexistant. Avant de critiquer le catholicisme, il faudrait se persuader que la religion a pour objet de faire la gerbe la plus grosse possible et non de choisir les épis selon leur beauté.

Toutefois, les églises d'avant l'Église avaient, en deçà de la religion offerte à tous, les mystères réservés à quelques-uns. Pourquoi faut-il qu'aujourd'hui la magie soit laïque, et comment Rome a-t-elle cessé sa sollicitude envers les fils de l'Esprit ? Il vaut mieux réserver la réponse que la formuler et remplir l'intérim sacré, en suivant d'analogie la formule hiératique au domaine profane.

La charité est cet amour qui ne choisit ni ne reçoit rien, donnant toujours, et la parfaite beauté sera cette beauté qui utilise son prestige et passe dans le monde, souriante et bonne comme une allégorie de l'au-delà harmonieux et vermeil.

La science nous apprend que l'idéal vivant console l'âme comme une chaleur plus subtile, et la civilisation, c'est-à-dire l'œuvre humaine collective, dépend des sourires comme des pensées, car le mot charité est le même que celui de karité : parfois les âmes sont sauvées par une forme pure enfermant un désir abstrait.

IV

DE L'ORIENTATION

La nature nous offre des mirages et la société des prestiges que nous pouvons refuser et remplacer par d'autres.

TYPHONIA, XIe Roman de l'Éthopée.

Dans un chemin où chantent les mandragores, j'ai vu passer la nuit, leurs pieds nus froissaient les fougères, des êtres irréels.

LA QUESTE DU GRAAL, proses de la Décadence latine.

Que je sois visité par les idées sublimes, accueilli par la cause et servi par l'éther.

ISTAR, Ve Roman de l'Éthopée en 2 vol. in-18.

Les allégories enseignent l'art du héros comme la sagesse bourgeoise est contenue aux proverbes.

UN COEUR EN PEINE, Ve Roman de l'Éthopée.

Les affections sont libres, mais les sympathies sont fatales, elles agissent animalement sur nous.

LE VICE SUPRÊME, Ier Roman de l'Éthopée.

Cherchez outre-mort toutes les rationalités de la vie!

CURIEUSE, IIe Roman de l'Éthopée.

IV

DE L'ORIENTATION

Cycle de la création : La Multiplication divisionnelle.
Sacrement : Pénitence.
Vertu : Prudence.
Don : Force.
Béatitude : Soif de justice.
Œuvre : Corriger.
Ange : Anaël.
Arcane : Le Quaternaire ou tétragramme .
Parèdre de nergal : Laz.

Avertie de l'inanité mondaine et du rôle de lumière que tu peux y jouer, choisis une des sept méthodes selon ton astralité ; au moment de vouloir, examine le dessin le plus noble et d'abord convaincs-toi que ton intérêt ne réside pas à usurper, que tu as un dessin propre, plus haut que la singerie de l'homme, plus commode à suivre que les usurpations masculines.

A. XXVII.   *Les décadences montrent une inversion des rôles sexuels et les fins de race s'emplissent de femmes docteurs et de femmes artistes, sans aucun résultat, ni pour la civilisation, ni pour elles-mêmes.*

A. XXVIII. *La femme est aussi impuissante de l'esprit que féconde selon la chair, et aucun n'a fondé ni une religion, ni une philosophie.*

A. XXIX.   *La femme est faculté expansive dans la même proportion où l'homme est faculté créatrice, et toute religion, toute idée, doit lui emprunter sa réalisation dans les mœurs.*

A. XXX.   *Il faut appeler Gynandres les femmes qui œuvrent valablement parce que, chez elles, l'âme se trouve positive et pour ainsi dire mâle, à l'encontre de leur sexe organique.*

A. XXXI.   *L'œuvre féminine ne vaut que sur le plan impressif et sentimental : le cœur de sainte Thérèse est le plus beau cœur qui ait battu, mais le cas d'abstraction ne se produit jamais chez une femme.*

A. XXXII. *Il n'y a point de monument, de statue, ni de tableau admirable, qui soit œuvre féminine : elles n'ont rien fait que de médiocre, c'est-à-dire de semblable à la moyenne des talents masculins de leur époque.*

A. XXXIII. En art, la femme doit œuvrer seulement sur l'artiste, muse et inspiratrice, non pas artiste, comme elle doit tenir le rôle de fée, dans la vie décorative, et d'être de charité dans la vie intime.

A. XXXIV. Son intérêt réside à se servir des lettres et des arts comme d'agréments supplémentaires, car sa force est tout entière en son sexe, dans son vide qui sollicite l'activité sentimentale de l'homme et le fait agir.

Une certaine Randall, dans sa lettre aux Anglaises sur la *Subordination intellectuelle*, a formulé brièvement tout le plaidoyer de son sexe : « Avec l'éducation que nous recevons, égaler les hommes, c'est les surpasser. » Elle ignorait que la hiérarchie des êtres réside d'abord dans leur espèce et que toutes les âmes sont inégales entre elles. Un coup d'œil sur l'histoire suffit à montrer que le génie et le talent dont très différents de l'instruction : Mme Vigée-Lebrun était beaucoup plus instruite que Claude Lorrain, et Mme Dacier savait plus de grec que l'auteur de *Périclès* et de *troïlus et cressida*.

Le Père Lemoyne, jésuite, en sa « Galerie des femmes fortes », pose des questions qu'il ne résout pas : si les femmes sont capables de gouverner, que Dieu les élise au salut des États réduits à l'extrémité ! Et il affirme en opposition à la fameuse théorie de Simonide d'Amargos qui voit dans chaque type féminin la sublimation d'un instinct animal.

Ce qui paraît aux superficiels le plus étonnant, c'est la mâleté du caractère d'une Marie d'Harcourt, d'une Jeanne d'Albret, d'une Marie-Thérèse : ou bien dans l'ordre romanesque, la grande demoiselle, la chevalière d'Eon et cette Maupin, actrice de l'Opéra, qui allait sur le pré pour un signe et navrait coup sur coup jusqu'à trois adversaires.

Ce qui prouve l'infériorité de l'exercice du pouvoir, qu'on croit communément la plus noble fonction terrestre, c'est qu'il y a eu de grandes reines. On peut objecter à cela le nombre et la qualité des saintes qui ravaleraient la sainteté ; je répondrai que dans le cas des reines, un principe mâle collectif les inspire : elles sont comme les maîtresses, les épouses d'un peuple : ce collectif abstrait les supériorise. Les mystiques également deviennent les réflexes du divin et participent à l'abstrait catholique : mais il ressort de recherches sincères que la piété féminine s'élève par la passive obéissance au dogmatique le plus rigide ; sinon, au lieu de l'hérésie parfois spécieuse et discutable, la niaiserie divague.

Demandons à l'histoire ce que la femme a pensé, ses opinions métaphysiques : l'absurde va paraître sous les traits de la cuisinière Catherine Théos, la Sybille de Robespierre ou de la fondatrice des Shakers, et une lorette nous dira « qu'une personne anéantie dans l'amour de son Créateur peut satisfaire librement les désirs de la nature », comme un siècle avant Guillemette de Bohême se prétendit le Saint-Esprit lui-même sous forme féminine.

Mme Guyon, cette enflammée qui conquit l'admirable Fénelon et qui mourut en profession d'obéissance à l'Église, ne se proclamait-elle pas enceinte de l'Apocalypse et que le Dragon se tiendrait debout devant elle. Hypathie, la plus belle figure philosophique de la femme, ne nous apparaît qu'une disciple de Pythagore, c'est-à-dire à l'état expansif, et Catherine Emmerich, la plus admirable des extatiques, celle qui a vu littéralement détail par détail et minute par minute la vie et la passion du Sauveur, une sublime possédée de l'orthodoxie la plus pure, religieuse régulière au couvent de Dulmen.

Hors du dogme impérieux, philosophe, la femme est toujours semblable à cette Agapie qui, à la fin du quatrième siècle, fonda une secte de gnostiques, composée de femmes et de jeunes gens, avec la devise : « de tout est pur pour les purs », qui l'autorisait à un sérail des deux sexes.

L'*Hortus deliciarum* de l'abbesse Herrade de Lansberg, au XIIe siècle, et les drames sacrés de Horwistha, abbesse de Gaudersheim, sont remarquables par le reflet monastique qui les a sauvés d'incohérence.

Son Altesse la Pure, cette Hypathie chinoise que nous a révélé Judith Gautier, est une mystique. Ainsi toute élévation de la femme dépend non plus seulement comme chez l'homme de l'idéalité, mais de la foi religieuse.

Je ne sais pas une loi de physique, une expérience lumineuse du fait féminin.

Les femmes rejettent leur médiocrité intellectuelle sur l'éducation qu'elles reçoivent, comme si les plus grands génies de l'humanité avaient été les premiers savants, alors que la plupart ne possédaient que de la lecture.

Au reste, un grand nombre de doctoresses en toute matière possédèrent une culture complète ; aucune de celles-là n'a laissé *d'œuvre* digne d'intérêt, tandis que d'autres ignorantes, mais douées, ont mérité la gloire et autre chose que leur nom dans les biographies universelles.

Félice Rasponi eût passé tous les examens avec *optime*. Cependant qui lira sa *cognizione di dio ragionamento*, ou bien la *formation des principes religieux et sociaux* d'Elisabeth Hamilton ?

L'italienne Hermangarde apprit l'astrologie judiciaire, la bolonaise Calderina suppléait son père en sa chaire de jurisprudence, une Caraccioli commenta Aristote, et la vénitienne Fidèle Cassandre haranguait en latin sans préparation. La fille du roi breton Cambra précéda Vauban, paraît-il dans la poliorcétique.

A Rome, Calpurnie et la fille d'Hortensius ont plaidé et gagné leur cause.

Giarida della Valle savait presque autant de langues que le cardinal Mezzofanti, et les dames Nogaroles de Vérone furent une dynastie de lettrées. On assure que le problème des vibrations des surfaces électriques a été résolu par une demoiselle Sophie Germain, et Jeanne Dumée a écrit contre Copernic.

Il y a une traduction d'Horace signée d'une dame Montaigu, et on connaît l'Homère de Mme Dacier. On sait moins que Mme Condorcet a écrit sur *l'origine des langues* et que la fantaisie de la grande Catherine, fit une certaine princesse Daschkoff, directrice de l'Académie des sciences de Pétersbourg.

D'où vient que nulle avocate de son sexe n'essaye de remettre en lumière des *Laudes* d'une Vittoria Colonna, les œuvres latines d'Olympia Morata ou celles de la pisane Cicci, avec les *Énigmes* de Cléobuline et la *Logique* de Cockburn.

Heureusement pour la marquise Duchatelet qui accoucha sur un traité de géométrie qu'elle reste célèbre comme maîtresse de Voltaire ; sa faculté de diviser de tête neuf chiffres par neuf autres n'eût pas suffit à la rendre mémorable.

Cornaro Piscopia, doctoresse de Padoue, et Catherine Cibo, si savantes, n'ont pas laissé mieux que des devoirs d'humanistes. Les hymnes latines de Laurence Strozzi mériteraient cependant d'être encore lues plutôt que les niaiseries de Mme Deshoulières.

Tai-Tsong, impératrice chinoise, a écrit trente chapitres de règles pour le gynécée en opposition à cette Tambroni que trois hommes seulement en Europe égalaient et que quinze au plus pouvaient comprendre, au dire d'Anse de Villoison.

Les Torelli et les Trivulce prévoient les éclipses de lune, comme Aglaonice, Thessalienne, fille d'Hegelar, qui la première fut astronome.

En art, la femme n'aboutit jamais : je n'en connais aucune qui se soit prétendue architecte, et la façade de Sainte-Pétrone, à Bologne, ne porte pas bien haut la gloire de Propertia de Rossi : qui songe à opposer sœur Nelli à Fra Angelico ? Parmi les peintresses : Rosalba Carriera, Angelica Kaufmann, Mme Vigée-Lebrun et puis ?

Van Dyck aurait reçu de grandes lumières sur son art d'une conversation avec la peintresse Agnosciola de Cremone : cela est aussi étonnant que la divination par les nuages, qu'inventa une Anthuse sous Léon I.

La poésie, qui le plus souvent n'exprime que des sentiments conformes à ceux mêmes de la vie, a été plus favorable à l'effort féminin.

Sans croire que le cantique de Debora soit d'une Juive, l'histoire nous montre, comme six fois victorieuse de Pindare. Sapho, qualifiée de dixième muse, et bien au-dessous Clotilde de Surville, cette Louise Labbé, si à tort omise par les cuistres qui font l'histoire littéraire.

La *clélie*, le *Grand cyrus*, la *Princesse de clèves*, *ourika*, sont de petites choses : et pour les épistolaires, que domine Mme de Sévigné, nul n'ignore que la cour ou la solitude forme incessamment des Aissé et des Eugénie de Guérin. Tout ce que la femme écrit a un air de mémoire et d'autobiographie, l'objectivité lui semble impossible.

Romancières, bien peu ont donné leur nom à un genre : Anne Radcliffe traduite par l'Abbé Morellet, fait mauvaise figure près d'Hoffmann, et Georges Sand, malgré le mérite d'un style égal et maintenu, d'une limpidité incolore, lasse le lecteur par l'absurdité des idées et la niaise et prétendue idéalité des caractères. Il ne s'agit pas de nier son mérite, mais de le comparer : que devient-elle devant la *comédie Humaine* ou même devant *d'Aurevilly*.

Certes, Sand a dépassé les autres femmes, mais sans égaler les grands écrivains : et s'élever au-dessus de son sexe, ce n'est pas encore faire partie de l'autre.

Si la femme veut se targuer d'une aussi mince émulation que celle des muscles, elle trouvera des aïeules.

La femme Rachelat servit en 9892 comme canonnier dans la légion des Ardennes ; une fille de seize ans, appelée Quatresous, eut plusieurs chevaux tués sous elle pendant les campagnes de la seconde République.

Je lui attribue assez de choix pour croire que Milon de Crotone n'incarne pas le rêve de son devenir. Elle est constituée nerveusement pour subir d'aussi grandes fatigues que l'homme, mais autres. L'Église, par sa dévotion à la Vierge, a ouvert à la femme une carrière que nulle ne parcourut auparavant : celle d'égale de l'homme dans la perfection.

Avant le christianisme, on n'avait pas vu une Marie l'Égyptienne cénobite pendant quarante-sept années, ni une Pythonisse dicter les quatre *Livres des éléments* de sainte Hildegarde, et rien d'égal aux œuvres de sainte Catherine de Sienne, de sainte Gertrude et de Marie d'Agreda, surtout de Catherine Emmerich.

Rien ne vaut parmi les écriveuses de profession ce que les mystiques nous ont laissé, et en voici la norme :

A. XXXI. *L'amour divin féconde la femme spirituellement,*
l'inconscient supérieur se combine avec son aspiration
passive : et la prophétie et l'intuition sont les filles de
ce commerce entre l'âme féminine et l'abstrait. Mais
ce n'est que par l'extase, phénomène hyperanimique,
que la femme reçoit le baiser de l'idéal, tandis que
l'homme procède par inspiration rationnelle et illu-
mination logique sur le plan spirituel même.

La femme remplit l'histoire de son rayonnement comme reine
ou courtisane, c'est-à-dire qu'elle dépend du milieu où elle naît,
ou bien des désirs qu'elle excite. Que Mme de Krudener agisse sur
un empereur de Russie ou Olympia Pamphili sur son beau-frère
Innocent X, Aspasie sur Alcibiade ou Agnès Sorel sur Charles VII,
elles sont dans leur rôle logique, redoutables et puissantes, tandis
que la marquise de Lambert, écrivant une métaphysique de l'amour,
et lady Montaigne fondant le *Blue Stoking club* sont ridicules.

Je voudrais, ma sœur, te faire comprendre ceci : sois toi-même
une énigme au lieu d'en composer comme Nassis de Locre ; fais
chanter Dante da Majano au lieu de lui répliquer comme la Nina
des *fidèles d'amour*, et vois qu'il est plus glorieux d'inspirer des trou-
vères que d'être trouvère comme Doëte de Troyes.

La gloire de Julie d'Angennes serait moindre d'avoir composé
la guirlande de Julie que de l'avoir inspirée : la grande tyndaride
Hélène n'est-elle pas plus grandiose en son rôle passif que si elle
se casquait comme Angélique et combattait à côté d'Hector. Il y a
plus de gloire à être cause de la guerre de Troie qu'à se mêler aux
combattants.

Cette Spinola Thomassine, qui garda un si bel amour à Louis
XII, ou bien Lady Hamilton, qui pesa si fort sur Nelson, sont,

l'une en beau, l'autre en funeste, de glorieuses femmes, tandis que la mémoire de la poétesse hollandaise Betsker ou celle de la demoiselle Bhieron qui inventa les pièces anatomiques en cire sont médiocres.

Être belle, à l'instar de cette Lampasque qu'Alexandre donna à Apelle, la jugeant trop admirable pour la garder à lui : à l'instar de Callixène qui désarma la jalousie d'Olympias envers Philippe ; être belle toujours comme Ninon de Lenclos, qui était désirée à quatre-vingts ans, et Diane de Poitiers, adorable à soixante !

Être aimée comme Hababah, que son amant Yesed II conserva huit jours devant lui malgré la décomposition : comme Impéria, louée par Sadolet, et qui, sous la papauté de Jules II, se sauva de la honte par l'éclat de ses vices !

La gloire de la femme lui vint de ceux qui l'aimèrent ou l'épousèrent ; mais le cœur du génie a plus de puissance sur le cœur de l'humanité que celui des rois, et une Armande Béjart, une Champmeslé ne se séparent plus de Molière et de Racine.

Bianca Capello a plus fait que la duchesse d'Amalfi malgré, ses odes, et Leena, qui se coupa la langue pour ne pas dénoncer ses complices, est moins connue que Leontium, la maîtresse d'Épicure.

Être chantée comme une Laure de Noves dont le nom rayonne sur les trois cent dix-huit sonnets et les quatre-vingt-dix chansons de Pétrarque ; comme Béatrice Portinari, qui trône dans la *vita nova*, la *divine comédie*, et le *convito* de Dante *Alighieri* : voilà le rêve.

La marquise de Pescaïre serait ignorée malgré ses *Laudes* sans l'amour de Buonarotti ; Héloïse ne survit que par Abailard.

Le désir masculin donne seul un nimbe aux femmes, qu'elles soient la duchesse d'Étampes, la Pompadour, Montespan ou

Dubarry. Les Blanche de Castille sont rares qui valent par elles-mêmes; cependant les reines ont valu souvent les rois, et en voici la norme:

A. XXXVI. Un peuple dégage un animisme bisexuel qui se concentre dans la personne régnante et ainsi l'entité collective d'une nation s'unit également positive à une reine ou passive à un roi: dans l'un et l'autre cas la personne régnante est complétée par l'entité astrale bisexuelle de la nation.

Je ne puis faire assister ma lectrice au long dépouillement que j'ai fait de la biographie universelle: j'ai recherché toutes les femmes célèbres qu'ont enregistrées les grands dictionnaires, et c'est avec une certitude absolue que je conclus cette pesée des femmes illustres à tous les titres par ces constatations axiomiques:

A.XXXVII. La femme est incapable d'idée, de système, de philosophie, de synthèse. La femme ne pense pas, et figurativement la femme n'a pas de cerveau.

A. XXXVIII. Les religions considérées sceptiquement comme entreprises générales et suprêmes de l'idéalité sont l'œuvre mâle: de même les philosophies, les systèmes et les synthèses.

A. XXXIX. Il n'est pas sorti d'une plume féminine une phrase abstraite qui soit autre qu'une copie ou une bêtise.

A. XL.   *La théologie, la philosophie, la magie, la métaphysi-*
                que et la Science en sa causalité lui sont impossibles.

FÉERIE

A. XLI.   *La femme est capable de susciter des idées à l'esprit*
                de l'homme par sa qualité de centre des rapports élé-
                mentaires. Agissant perpétuellement sur la sensibilité,
                elle impressionne et active l'entendement mâle à la
                recherche des lois.
                Elle peut faire passer et actionner le cerveau par les
                mirages qu'elle produira.

A. XLII.   *L'ordre religieux est celui où la femme a le plus de car-*
                rière noble à fournir comme réflexe expansif et prisme
                colorant et propagateur.

A. XLIII.   *Il n'y a pas une seule doctrine qui ait flori sans l'en-*
                thousiasme incohérent, mais nécessaire de la femme.

A. XLIV.   *La théologie lui attribue la sainteté, l'extase, la*
                voyance et la prophétie. La philosophie, la subtilisa-
                tion des mœurs et l'adoucissement des hommes, l'idéa-
                lité sexuelle; la métaphysique lui accorde la prévision,
                l'intuition, et la science la qualifie de prisme, de dé-
                composition de l'Éros complet.

A. XLV.   *La femme est incapable de produire des œuvres suprê-*
                mes, parce que, même gynandre, c'est-à-dire animi-

quement mâle, elle reste toujours au niveau intellectuel d'un élève d'humanités.

En poésie, elle ne peut rien, ni de cyclique ni de parfait ; en art, elle n'a jamais su ni dessiner, ni construire, ni sculpter, et comme peintre dépasser l'estimable.

La femme inspirera des œuvres suprêmes, parce qu'elle peut produire sur l'esprit de l'homme les plus grands mirages. Muse, elle échauffera toutes les lyres, et modèle, conduira tous les ébauchoirs et tous les pinceaux.

La gloire littéraire de la femme est d'inspirer, sa gloire esthétique de servir de modèle à une œuvre. Laure et Béatrice sont les plus grandes poétesses comme inspiratrices de Pétrarque et de Dante, et Monna Lisa del Giocondo la plus intelligente des femmes, parce que ses lèvres et ses yeux ont servi Léonard pour fixer l'ineffable.

A. XLVI.   Dans le domaine de l'action, la femme ne peut rien par elle, il faut qu'elle s'appuie à Dieu, ou à un homme ou à plusieurs.

Aucun événement ne porte le nom d'une femme, mais toujours celui de l'homme qui l'aime.

A. XLVII.   La femme peut tout par l'homme, — qui est littéralement son moyen.

A. XLVIII. L'érotique réside donc à séduire un roi si on rêve le trône, ou un génie si on veut l'immortalité.

A. XLIV.   Plaire est une nécessité, — une femme ne s'impose ja-
mais — il faut qu'elle séduise !

Il n'y a pas de raison de proclamer l'électricité positive superex-
cellente sur la négative, puisqu'elles sont également nécessaires au
dynamisme.

Il faut donc ordonner l'un et l'autre sexes selon leur fonction
propre.

Aucune forme de l'activité n'est interdite à la femme ; mais
son mode diffère de celui de l'homme, comme dans le phénomène
de locomotion une espèce animale procède différemment d'une
autre.

C'est donc une absurdité, semblable à l'effort d'un oiseau qui
ne voudrait se mouvoir que par ses pattes ou d'un quadrupède qui
s'essayerait à voler, que la femme veuille faire ce qui est propre au
mâle.

Je pense t'avoir éclairé ce point : que ton intérêt n'est jamais de
faire l'homme, mais que tu peux tirer de lui toutes les réalisations.

Si tu trouves quelqu'un d'assez sot pour t'adorer, sois idole : la
norme te le permet et tu ne violes pas en cela ta qualité.

Seulement prends garde à cette loi :

A. L.   Le bonheur et le devenir éternels ont pour condition
la reconstitution actuelle ou éternelle de l'androgyne.
Or la femme qui sort de ses attributs et de son mode
contrarie la norme et périra.

Au chapitre de la mort, je développerai le périlleux devenir des
usurpatrices aux voies masculines ; je redis ici cet arcane donné à
l'initié :

A.LI.   *Il n'y a pas de féerie qui réalise les desseins mal conçus :*
              car réaliser signifie autant conserver qu'obtenir,
              conquérir que garder.

A. LII.   *La féerie consiste à ne formuler que des desseins har-*
              monieux de soi à l'heure des choses. Le succès est une
              succession d'accords frappés par le vouloir, selon le
              rythme de la vie.

Tu as ouvert ce livre pour y chercher des talismans, des procédés de thaumaturgie : il ne renferme que des vérités, mais vraiment talismaniques et d'une thaumaturgie légitime dont l'histoire a prouvé l'unique et certaine efficacité.

CONCORDANCE CATHOLIQUE

ARCANE DE NERGAL OU DE SÉCURITÉ

En élaguant de son vouloir tout désir inharmonique, l'être s'impose des barrières préservatrices qui le défendent du péril.

Vouloir normalement sera toujours la première condition pour réaliser, et le don de conseil n'est donné qu'aux prudents qui, ne suivant pas leur appétence sans examen, éprouvent d'abord leur force sur eux-mêmes.

Dès qu'il conçoit faussement, l'être, artisan de sa peine, trahit sa propre cause et la perd.

Se maintenir sur le plan de sa série, et ainsi se corriger de la tendance dispersive et perverse qui porte à convoiter comme des biens les choses, même les plus rationnellement éloignées de nous.

C'est offenser Dieu même que de s'orienter autrement qu'il a voulu et écrit aux normes de sa création : le binaire qui veut s'élever doit d'abord circonscrire son ascèse sur le plan même de sa relativité propre.

V

DE LA PUISSANCE FÉMININE

Enfin, m'élevant un peu au-dessus de ces devoirs immédiats, je vous montrerai comment la femme honnête a le devoir d'apporter sa grâce et sa bonté à cette précieuse et grande chose : la civilisation.

TYPHONIA, XIe roman de l'Éthopée.

Sois la dame d'amour, la bienfaisante Bélit de Kaldée, qui préside aux sereines tendresses.

LA QUESTE DU GRAAL, proses de la Décadence latine.

L'empire du monde, un jour, flottait sur les eaux, mais Cléopâtre souriait.

ISTAR, Ve roman de l'Éthopée en 2 vol. in-18.

N'est-ce pas un curieux problème que le plaisir dramatique résulte de la plus vive représentation de la douleur ?

LE PANTHÉE, Xe roman de l'Éthopée.

Le monde tourne autour de la pensée, il faut que le monde tourne autour de la pensée catholique.

LE VICE SUPRÊME, Ier roman de l'Éthopée.

Chevalerie, galanterie, phases musculaires et nerveuses de la passionnalité latine.

UN COEUR EN PEINE, VIIe roman de l'Éthopée.

V

DE LA PUISSANCE FÉMININE

Cycle de la création :   Compréhension facultative.
Sacrement :   l'Extrême onction.
Vertu :   Justice.
Don :   Conseil.
Béatitude :   Esprit de miséricorde.
Œuvre :   Pardonner.
Ange :   Raphaël.
Arcane :   Le Quinaire.
Parèdre de nébo :   Tasmit.

Ton pouvoir, c'est ton sexe, ma sœur ; ne t'émules pas aux activités masculines, l'insuccès t'y attend.

Tourne la tête au savant, n'étudies pas ; et, au lieu de rêver une égalité avec l'homme qui te perdrait, profite de la supériorité que la nature t'a donnée sur lui.

Songe que tu es la poésie et le roman de ceux qui ne sont ni poètes ni analystes, et tous ceux qu'un dessin du Vinci n'extasie pas voient l'art en toi seule : imagine enfin que tu es le rêve de presque tous et n'abdique pas de tels avantages pour la vaine usurpation de quelques simagrées.

Ce que l'homme a d'enviable, l'entendement, tu ne l'auras jamais : ce que tu peux imiter de lui ne vaut rien.

Sois femme, d'abord pour être heureuse, sois femmes, si tu veux devenir fée.

L'Église t'enseigne vierge de rester pure, épouse de te maintenir fidèle, mère d'être auguste : je ne suis qu'un professeur de coquetterie morale, un esthéticien de la vie mondaine, je te prends telle que je te connais, ni bonne ni mauvaise ni douée, mais un peu jolie et très vaniteuse, et sans toucher à tes chers défauts, je vais te montrer l'abstrait sous un angle où il te soit perceptible.

Avant d'examiner ton pouvoir sur un, je te préciserai ta puissance sur tous : et comment, femme de vingt ans, tu peux cesser d'être la sotte à défenestrer, rencontrable dans tous les salons d'Occident.

C'est un concordat entre l'absolu et l'absurde que je vais tenter : accuse ta médiocrité seule si tu n'es pas meilleure, ma lectrice, après ces pages fraternellement enseignantes.

TYPE D'UNE JOURNÉE D'INITIÉE

Elle s'est endormie la veille en un sentiment de piété confiante, avec le balbutiement d'un *Ave* sur ses lèvres qui souriaient.

D'intuition, elle profite de ce vague moment du premier éveil pour tirer du somme il le pressentiment qu'il contient parfois.

L'éveil véritable doit être un élan du cœur au Dieu qui te fait jolie, bonne, aimée, et le signe de la croix toujours le premier geste.

A moins de nécessité, le paressement au lit sera fructueux, car la femme n'a pas à agir, et toute clarté lui vient de rêver : la stase horizontale lui convient, c'est la ligne de sa force, le sens de sa victoire, la posture de son bonheur.

L'initiée fait une toilette scrupuleuse : le bain à la température du corps, à défaut le tub en est le début ; quant au détail, il n'est pas énumérable.

Être propre suffit à l'homme ; il faut plus à la femme : l'épilation du moindre duvet qui aurait résisté à l'étincelle électrique s'impose.

Une femme n'est pas policée qui n'est pas épilée : le moindre poil est une tare ; il faut se souvenir que la peau est l'élément le plus important du charme sexuel.

Le parfum étant un véhicule puissant, un vaporisateur de l'action nerveuse, il faut qu'il soit fort et constamment le même, mais plus dans le vêtement que sur le corps.

Ainsi soignée en sa beauté, comme un chevalier étincelant en son armure le matin d'un tournoi, l'initiée fera sa prière à genoux devant un pan de mur arrangé en oratoire. Le *Pater* et l'*Ave* seront suivis d'une oraison improvisée presque, familière, où elle demandera les grâces les plus appropriées à ce qu'elle prévoit de ce jour commencé.

Dès qu'elle paraît aux yeux d'autrui, même des parents, la femme doit rayonner une paisible joie ; il faut que sa présence fasse épanouir les visages, il faut qu'elle charme, même chez elle, même les siens.

Le matin, à Paris, est perdu ou donné aux soins intérieurs.

La gourmandise est loisible à la femme ; le végétal qui convient surtout avec le fruit ; à moins de traitement, elle boira peu de vin et jamais de bière, ni de liqueurs.

Le déjeuner lui fournit occasion de jolis gestes, de chatteries ; sans maniérisme elle doit manger d'une façon très délicate et au besoin étudiée.

J'ajouterai que la toilette du matin chez soi doit être flottante et fantaisiste, au lieu que celle de la sortie à pied s'effacera de couleur et sans aucune garniture ; en revanche la robe pour trotter peut être collante et mettre la gorge en honneur. Une femme subtile ne se fera remarquer dans la rue que du front à la taille.

Les visites aux femmes doivent être très brèves ; nous avons réduit au minimum les rapports entre femmes.

Comme je l'ai institué pour l'homme, au soir, avant le dîner, la femme taira ses agitations pour écouter la voix des choses, la seule qui l'inspire. Cette voix lui répétera à la vesprée ce qu'elle disait déjà au matin : « Sois une statue et un tableau et un poème vivant sur un rythme paisible et doux. Sois aussi belle que tu pourras, mais que ta beauté rayonne l'idéal. »

Dans le monde, va aussi décolletée qu'il te plaira, mais que ta coquetterie salue les gens qui valent par eux-mêmes, ou corrompe les fonctionnaires ; prends parti pour les chefs-d'œuvre, les maîtres, ne crains pas le flirt, mais pousse-le dans le bleu, ainsi tu échappes à son danger ; modèle-toi sur Julie d'Angennes et Récamier. Rentrée, refais ta minutieuse toilette du matin, puis ta prière à genoux, et au lit examine-toi sur ta coquetterie : « As-tu été aussi belle que possible de sentiments comme d'aspect, as-tu applaudi à toute parole noble, protesté à tout bas propos, as-tu humilié les riches et honoré les intellectuels, as-tu par ta grâce épanoui tous les visages rencontrés ? » Voilà ton examen ; si ta journée ne laisse pas un sillage joyeux et décoratif, elle est perdue : voilà ta règle. Avant de dormir, une strophe de grand poète comme pour épigraphier de noblesse tes rêves ; avant de souffler ta bougie, un regard à ton crucifix qui te marque que tu dois souffrir et à des statuettes admirables pour te laver les yeux du reflet des laideurs modernes.

Endors-toi gracieuse et telle que tu voudrais être vue du prince charmant.

Ce souci de plaire, dont je fais ta seule loi, devenu une habitude, te donnera des joies incessantes, car en laissant carrière à tous les instincts, je cultive en toi cette forme de la charité qui se manifeste par le soin d'être rayonnante à chacun; superficielle, tu as déjà pensé que je t'exposais à l'adultère ou du moins que je te rapprochais du péché, te conviant à être ainsi charmante: non, le jour où tu auras goûté de cette coquetterie de bonté, tu mépriseras l'autre, et si tu acquiers cette action épanouissante sur tous, la produire sur un seul te semblera mesquin.

Tu te figures à tort qu'il n'y a qu'une façon d'agir sur l'homme, se promettre un peu; non, donne ton aspect aux yeux, c'est déjà de la volupté; anime-toi d'une vraie bienveillance et la distribue, c'est déjà de la tendresse.

Figure-toi que le monde, ton monde, est un hôpital rempli de malades au moral, et passe au milieu d'eux avec le bon sourire d'une sœur de charité; les mondains ont les sens gâtés, l'imagination atrophiée; montre toi un joli être bienveillant, très sage et cependant charmeur: cela les rafraîchira et ils te seront reconnaissants.

Une autre objection t'est venue: je t'expose au danger toi-même, et je te pousse à devenir un danger. Apprends que ce n'est jamais un danger pour l'homme d'être ému même sensuellement et que c'est là ton office de l'émouvoir et de l'inciter à vibrer et à penser; par toi seule il peut sentir se lever en lui mille ambitions. Souviens-toi qu'Aïscha ton aïeule invita le premier homme à réfléchir et que la scène édénique vaut en leçon pour tous les jours de la vie.

Je professe ici les hautes doctrines de la civilisation qui semblent en désaccord avec l'enseignement sacerdotal. Les directoires défendent à la femme d'éveiller la concupiscence, sauf dans le but de légitime mariage : aussi, comprends-le bien, je ne te dis pas de te faire désirer de tous les hommes, mais de les émouvoir à leur profit, c'est-à-dire d'une façon impersonnelle.

Comprendras-tu ? Il s'agit pour toi d'être une excitation dans le sens le plus indéterminé du mot, il s'agit d'agiter ce qui stagne et croupit : il s'agit de passer comme une vision devant les yeux qui ne rêvent pas. Je t'enseigne là une fonction angélique, un rôle providentiel, quelque chose de si fécondant que la réalisation en serait presque sacerdotale.

Suppose que tu sois ambassadrice de l'idéalité, du noble amour et de la grâce continente : suppose que tu doives jouer dans la vie le rôle d'une mondaine qui veut plaire à tous et qui ne différencie son amabilité que selon le mérite ; suppose enfin que tu sois destinée à la noble mission de rendre la vertu charmante.

Ne sauras-tu pas donner du prix à tes regards, à tes louanges ou à tes blâmes ; et n'es-tu pas séduite de penser qu'en ton absence on dira de chaque vulgarité : « Comme elle protesterait ! » A chaque noble idée : « Comme elle applaudirait ! » Va, ceci dépasse Célimène et je t'offre une belle voie à parcourir. Y viendras-tu ?

La féerie est l'art de substituer un motif d'abstrait aux mobiles égoïstes et la fée se trouve sauve de bien des défaillances en faisant de sa grâce, non pas la joie d'un seul, mais une sidération sur beaucoup. Aucun être par lui-même n'a de droits préséants et d'extra-humanité, s'il n'incarne de l'idéal. Longuement je t'ai fait voir quelle part de l'idéal ton effort réalisera.

Voici les bénéfices prodigieux qui résulteront de la féerie : non seulement tu confondras l'inimitié, mais tu seras délivrée des peines intérieures.

Nos douleurs, filles de nos désirs de contingence, se multiplient en raison de notre égoïsme : elles se raréfient et se sérénisent dans la proportion où nous adhérons à l'abstrait qui est le divin.

Imagine donc, ma sœur, comment ta beauté et ta jeunesse orientées esthétiquement deviendront manifestantes de l'idéal, et vois que le personnage de la coquette peut être repris et comme sanctifié s'il sert les mœurs à la façon de Mme de Montausier.

A. LIII.   *La féerie est une ascèse qui, en usant le désir ordinaire de la femme, lui substitue une aspiration extraordinaire dans le sens même de son activité propre.*

Sois d'abord habile, et ne demande à chacun que la conséquence de sa personnalité.

Réfléchis les idées de l'intellectuel, les sentimentalisant devant lui ; puis présente ce même réflexe à l'homme animique, afin qu'il soit fécondé et activé en sa sensualité, seul mobile de la plupart.

Tu n'as droit d'emprise que sur ceux qui appartiennent par leur infériorité à l'amour ; car, persuade-toi que la passion, la plus basse manifestation de l'idéal, n'a pas sa raison chez l'être qui pense.

L'initié cultive sa sensibilité pour être complet et ne se ferme pas à la préoccupation sentimentale, mais il garde son cœur libre pour y recevoir le saint enthousiasme, le goût du mystère et les célestes fièvres. Les émotions que quelques-uns ont ressenties au récit du *Graal* de Lohengrin, à Bayreuth, à l'extase du vendredi saint, sont plus nobles et plus hautes que toutes celles que tu peux donner, et l'originalité de mon enseignement réside en un point que tu as déjà pressenti, je pense.

A. LIV.   Le Mage enseignant doit tendre à une réforme de la sensibilité, réduisant la part d'âme donnée à l'amour pour augmenter celle attribuée à l'art, substituant le plus possible la passion intellectuelle à la sexuelle, et le chef-d'œuvre à la femme devant l'être supérieur.

L'ordre de la rose-Croix tend à former des êtres subtils qui trouveront leur plus vive joie devant le Saint-Jean, la Samothrace, Saint-Ouen, et la partition de la neuvième symphonie. Pour eux, la femme sera un élément plastique, émotionnel, concrétisant ses conceptions, un moyen de vibration, non pas un but en soi.

L'amour ne doit intéresser l'intellectuel qu'en énigme reposante d'énigmes plus hautes ; la femme devient un chat parmi le sphinx, c'est-à-dire une réduction de mystère en forme simplifiée.

Au contraire, l'amour reste la sublime porte du nombre, du tas et de tous, et ton moyen pour tes buts, ma sœur.

Mais de ce moyen de destinée, la féerie t'enseigne à faire un élément ascensionnel de la personnalité ; tu peux toi aussi te croiser. Le Graal des formes prestigieuses a une mission splendide qui dépasse l'individu et s'étend à l'époque et à toute la culture, à l'avenir du monde.

Par les trois rappels à l'abstrait de l'aube, de la vesprée et du coucher, envisage quelles résolutions, quelles intuitions, quelles réalisations, dans le sens d'exercice lumineusement impersonnel de la beauté.

De même que tu sauves et imposes tant de modes ridicules, sauve et impose les modes éternelles de l'âme ; sois, en vérité, si je peux accoupler ces mots, la généreuse du sublime et l'élégante de l'idéal.

Sitôt tu sentiras une force te naître, défensive des navrances de la vie, féconde en joies pures, et les anges, touchés de ce bel effort, te sauveront du mal.

CONCORDANCE CATHOLIQUE

ARCANE DE NÉBO OU DES RÉCUPÉRATIONS

Il faut se mortifier en acceptant les tristesses de la vie : provoquer la souffrance serait fou, mais la fuir diminue notre force et nous épuise plus vite.

La médecine contemporaine emploi des remèdes qui deviennent des maladies : les anesthésiques ne valent pas mieux pour l'âme.

Le moi masculin, parfois puissant, toujours un peu grossier, ne s'affirme que par le dévouement aux saintes idées : qui n'est pas chevalier n'est rien.

Le moi féminin inexistant doit s'appuyer à l'inconscient supérieur, suivant sa voie en parallélisme de l'homme ; qui n'est pas prêtresse de vertu, de beauté, de bonté, n'existe pas.

Une femme ne vaut que parce qu'elle rayonne sur autrui de lumière et de paix. Sa fonction est l'apaisement et la sublimation de l'homme qui ne peut sans ce truchement parvenir à ces saintes douceurs du ciel, à ces adorables idées dont parle Polyeucte.

VI

DE L'AMOUR

La jouissance de la femme réside dans la possession et son heur sentimental s'augmente à raison des garanties de propriété que l'être aimé lui fournit et chaque garantie est une cupitulation de détail ainsi octroyée.

TYPHONIA, XIe roman de l'Éthopée.

Je viens et je réconcilie au mâle dorien le mode d'Ionie : j'accorde l'instrument d'amour qui dissonnait.

LA QUESTE DU GRAAL, proses de la Décadence latine.

Noble faucon, restez un instant sur ma main avant de prendre vol.

ISTAR, V^e roman de l'Éthopée en 2 vol. in-18.

Passive, hélas, elle court le même risque du Bottom, où succombe la fantaisiste Titania.

UN COEUR EN PEINE, VIIe roman de l'Éthopée.

Serait-ce vrai que l'économie créatrice a procédé par couple et que le bonheur dépend d'une rencontre sexuelle ?

A COEUR PERDU, IVe roman de l'Éthopée.

On n'est attiré vers autrui que par son propre reflet dans un coeur.

A GYNANDRE, IXe roman de l'Éthopée.

VI

DE L'AMOUR

Cycle de la création :	La Mesure proportionnelle.
Sacrement :	l'Ordre.
Vertu :	La Force.
Don :	L'Intelligence.
Béatitude :	Le Cœur Pur.
Œuvre :	Supporter.
Ange :	Zachariel.
Arcane :	Le Sénaire.
Parèdre de mérodack :	Zarpanit.

Lorsque l'archimage d'Ereck, dans le *fils des Étoiles*, dit au néophyte : « L'amour n'est que la forme attrayante de la douleur, » tout le public s'est ému, applaudissant, ayant compris[11]. Or, nul doute que cette définition eût soulevé des protestations au temps de Voltaire : l'époque de *l'Astrée* ne l'eût pas acceptée. Il y a donc dans l'âme contemporaine une notion presque nouvelle sur la passion :

---

11   *Le fils des Étoiles*, wagnerie kaldéenne en actes du Sar Peladan, a été représenté le 9 mars 892 sur le théâtre de la Rose † Croix.

la femme du roman a perdu son auréole, et celle des vers n'est plus chantée qu'au physique nerveux.

La parole du Mage de 4000 mille ans avant Jésus se trouve exprimer la pensée secrète d'un public choisi ; les modernes ont percé le prestige avec cette lucidité propre aux décadences, phtysies des peuples : ils ont senti sous les myrtes le glaive de la torture morale.

Schopenhauer, qui n'a rien entendu à l'amour et à ses lois, parle du génie impérieux de l'espèce : sa bêtise apprendra à tout penseur que, la place refusée à Dieu dans un système, c'est l'erreur qui la remplit.

L'amour s'élève au-dessus de l'organisme et de la vie élémentaire, il réside dans l'âme, second principe de l'être humain.

Le corps répugne invariablement à souffrir, le corps est un animal, et comme tel, il tend à des appétits et s'affirme en se satisfaisant, au lieu que l'âme ne se prouve que par l'insatisfaction.

La faculté ou l'instinct de l'âme est de créer des appétits impossibles à satisfaire : de ces appétits sans pâture réelle naît la valeur de l'être humain.

Le commencement de la perfection s'appelle le sentiment de l'imparfait. Or, la perfection de l'homme serait qu'il fût androgyne, homme et femme tout à la fois, comme il a été, comme il sera, après les épreuves de la vie.

La norme attache le plaisir le plus vif à l'effort de l'androgynisme artificiel momentané, afin d'y forcer.

C'est par la femme que l'homme commence sa conscience ; l'amour est l'essai de son âme et le début de la souffrance volontaire et acceptée.

Il faudrait expliquer le secret de la douleur et la définir : une sensation ou un sentiment qui nous terrasse sans nous convaincre.

Or, nos sentiments savent nous accabler sans être grands, et de même que l'éducation physique comporte de pénibles efforts, la croissance morale dépend de l'application sentimentale, même pénible.

L'Éros, c'est-à-dire le désir, en tant qu'abstrait, surplombe l'amour sexuel, comme le génie musical dépasse l'instrumentiste du piano, et la femme apparaît cet instrument de commodité pour la lecture des partitions de la vie.

J'ai dit que l'homme devait mettre la femme au second plan de sa pensée et sa vie : c'est beaucoup et c'est trop, car le second plan c'est le cœur, et le cœur de l'intellectuel appartient aux idées en vibration : enthousiasme, fanatisme, subtilité.

Au troisième plan reléguée, la femme, là encore reste le danger, le vertige permanent et guetteur.

Les poètes et les artistes, obéissant à une fantaisie d'empereur intellectuel, par un abus facétieux de leur toute-puissance sur l'imagination humaine, ont accumulé sur la femme les prestiges comme des reliques sur un âne, et de là naquirent les plus grands désordres. Au lieu d'aller par la vie avec la dignité de ce qu'elle portait, la femme, gênée, inconsciente, a continué son allure de folle, et l'humanité, un peu étonnée d'abord, bientôt soumis à ce rabaissement de l'idéal, a confondu l'amour, ce principe, avec la femme, ce moyen inférieur d'exécution, ce piano.

A rétablir le concept en sa netteté primitive, il faut, comme pour rendre sa beauté à une vieille cathédrale, démolir toutes les échoppes de bas métiers que la sexualité appuya au monument : mais le mot en soi-même est perdu, et je l'abandonne à sa désignation sexuelle, d'autant que, ne parlant qu'aux femmes, je ne puis être entendu qu'en acceptant leur infirme conceptualité et sa terminologie.

A. LV.   *Il n'y a pour la femme qu'un art important, l'amour,*
             et qu'une science, celle d'aimer, et qu'un moyen pour
             tous ses désirs, d'être aimée.

Une femme séduit ou bien n'existe pas : charmer est son devoir.

Hors de son rôle maternel, divin, la femme, n'ayant jamais de mérite propre, relève en toutes ses prérogatives de la convention sexuelle et sociale : fille et esclave de l'opinion, elle ne peut rien par elle, et les déclassées sont les maladroites, non les pires, les niaises, non les perverses.

L'amitié est tout l'homme, l'amour est toute la femme ; les plus variés sentiments, les plus coutumiers : estime, sympathie, admiration, en elle valent comme des degrés d'amour. Elle écoute celui qui parle et non pas ce qu'il dit ; aux matières de médiocre intérêt, elle répond : « J'aime ou je n'aime pas ! » Enfin chez elle le jugement, l'opinion, le goût revêtent toujours le caractère du sentiment sensationnel.

Il y a une autre raison pour que l'amour soit toute la femme : cette nécessité qui la presse, même aux extrêmes fortunes, à plaire pour jouir et même pour exister !

L'initié, cherchant la beauté et les impressions nobles dans le domaine de l'art, et satisfaisant à son idéalité par la recherche du mystère, ne demande plus à la femme que la détente de ses nerfs comme de son âme. Vainement la femme chercherait à concevoir d'elle-même la notion d'art. Son goût artistique ne discerne pas mieux que son goût érotique : elle adopte les poncifs de son temps ou elle choisit, selon un sentimentalisme enfantin.

Voyez les bibliothèques des bas-bleus, vous n'y trouverez pas les mâles ; les génies du sublime. Qui donc connaît une femme qui ait lu le Dante en s'y plaisant ?

Voyez leurs ateliers quand elles s'émulent à sculpter ou à peindre : Michel Ange n'y paraît pas, ni *l'école d'Athènes*. Elles ne s'expliqueront jamais pourquoi cette œuvre partage avec le *cenacolo* le trône du grand art.

Musicalement, la femme est cultivée avec un soin extraordinaire ; combien, sur tant de pianos, s'illustrent des partitions sublimes et d'elles seules. Les préludes de Bach restent éternellement des études, non des plaisirs ; et il faut que le chic ou un ami très tendre les pousse à Wagner. Aïscha aime en art ce qui lui ressemble et la fait valoir : la meilleure musique, celle qui convient à sa voix ; et le chef-d'œuvre de la plastique, celui qui la touche, de quelle ressemblance avec sa personnalité imparfaite : au lieu de s'abdiquer devant l'esthétique, elle la subordonne à sa coquetterie.

L'amour est toute la femme, parce que la femme n'a pas d'entendement, de Neschamah : et la surabondance de son âme ou Ruach doit lui en tenir lieu.

Au reste, l'art ne produit son véritable effet que sur l'entendement : la vibration nerveuse ne suffit pas pour communier sous les espèces du Parthénon ou de la Sainte-Chapelle. J'en découvre la preuve dans ce phénomène perpétuel chez les femmes du monde : le moment où elles aiment est celui où elles sensibilisent à l'action de Dieu et des chefs-d'œuvre.

La passion, qui d'ordinaire déprend l'homme de l'intellectualité, intellectualise la femme au plus haut point. On observe communément chez le mâle en désir une sorte de confusion intérieure et de gaucherie expressive, signes évidents que la passion le déséquilibre ; au contraire la femme éprise devient d'une lucidité prodigieuse et se surpasse en son charme.

Enfin, ce caractère spécifique de la possessivité, ce côté impérieux de l'appropriation de l'homme si écrit dans la nature féminine, montre à quel point l'équilibre d'Aïscha réside dans Aïsch.

L'Éros, qui signifie pour l'homme le désir au sens synthétique, se précise fémininement ; pour Aïscha, Éros c'est l'homme.

Tendre ou ambitieuse, vaine ou luxurieuse, la grande affaire, toujours au premier plan de sa nécessité, sera l'homme.

Il n'y a que deux dénis à cette assertion : Dieu et le devoir ; mais j'ai déjà dit que j'excluais de mon école celle qui accomplit le sacerdoce familial, parce que je n'ai rien à lui apprendre de plus que cette Église dont je suis moi-même le serviteur.

Seul, parmi les artistes de mon temps, j'ai célébré le puceau au milieu des rires boulevardiers ; je ne serai donc pas suspect si je déclare que la vierge d'ordre divin est aussi d'ordre juvénile : après trente ans, celle qui mène la vie du monde, risque souvent de devenir méchante en restant fille.

Je crois la vibration amoureuse un recours contre la férocité de l'espèce, et l'expérience m'a montré que beaucoup, pour n'avoir pas aimé, haïssaient, et non pas quelqu'un, tout le monde. Supputant, les désordres causés par des vertus aigries, je suis venu à considérer l'être sans amour comme un danger.

Sur ce terrain, je m'expose à des calomnies, toutefois je ne prétends rien autre que ceci :

A. LVI.   Hors le cas d'un devoir absorbant, la femme au cœur stérile menace la civilisation elle-même.

Un sincère amour de la vertu me pousse à abominer ces béguines marmottantes de calomnies et de prières mêlées qui usurpent, dans les mœurs religieuses, la place des âmes vivantes et belles.

L'exorciste perpétuel des mauvaises dévotes contre l'art et la culture m'exaspère, d'autant que le cours actuel de la dévotion se teinte beaucoup trop vivement de féminisme : cela accommode sans doute la paresse du clergé, mais n'approxime pas le règne de Dieu.

L'amour est donc, je le répète, toute la force, tout l'art de la femme et même le seul truchement entre l'art et elle.

L'amour est encore la seule forme de son bonheur, soit qu'elle l'inspire, soit qu'elle le ressente ; il s'agit donc pour elle de deux gnoses : l'art d'aimer et l'art d'être aimée.

Ces formules éveillent des idées françaises polissonnes et vides : quelle matière plus grave, plus abstruse, plus tragique ?

Aimer, c'est donner à autrui ce qui lui manque et prendre d'autrui ce qui nous manque : aimer, c'est vouloir échanger son excédent contre un vide.

A une plus grande hauteur, aimer sera la restitution momentanée de l'état adamique.

Enfin si une volonté de durée préside à cette tentative, cela s'appelle le mariage.

Mais qu'on prenne garde : on ne se marie pas par la seule raison qu'on aime ; la convenance des êtres, la première, n'est pas la seule : il y a la convenance des destins. L'amour comme le lis ne travaille pas : un parfait amant occupé de gagner sa vie paraît aussi fou qu'un Litz, qui travaillerait son piano le soir, ayant fourni une journée de labeur manuel.

Il faut à l'amour le loisir et la sécurité, le luxe même, non pas celui qu'on a pour autrui, le luxe des niais, mais ce négatif d'ennui qui s'appellera calorifère matériellement, et au point de vue social inoccupation.

Ailleurs, j'ai dit l'amour le chef-d'œuvre de l'ordre sentimental. Absurdement chacun se propose de le tenter, alors qu'en comptant toutes les infatuations, il n'y a pas vingt mille individus en France qui osent se sacrer génie aux divers arts.

Le *Comment on devient Mage* s'adressait au tout petit nombre des jeunes homme s; le *Comment on devient fée* ne convient qu'à bien peu de jeunes femmes. Ici, je bute à des préjugés séculaires, à cette routine ecclésiastique qui dit « les âmes égales à la fausse notion du socialisme d'amour, qui a précédé les autres socialismes et fêlé le cerveau occidental ».

En ce temps où la revendication populaire cyniquement s'appelle le bien-être, et jouir, celui qui vient restreindre l'abord du mystère et de l'amour se heurte à tout le courant de l'époque.

L'office d'un mage n'est pas de flatter l'opinion : il la réforme.

Le premier point de l'art d'aimer serait de concevoir l'amour comme une collaboration à la fois idéale et matérielle pour vivre les plus nobles émotions.

Je suppose deux virtuoses qui se réunissent dans la joie d'exécuter ensemble, sur les plus beaux motifs, une improvisation à deux parties ; je suppose aussi que ces deux virtuoses ont un goût semblable et ne différeront pas sur le choix des motifs : et c'est le second point de l'art d'aimer : le choix.

Les indications planétaires du chapitre premier suffiront-elles ? Il y a nécessité pour la femme à choisir autour d'elle, il y a fatalité à ce que l'intimité soit une des conditions préalables d'aimer.

De nos jours, le jeune homme qu'on rencontre à l'église peut être un simple calicot, et celui qui rôderait sous les fenêtres, un malfaiteur.

La troisième règle est la sécurité. On ne doit jamais déranger son destin par amour, parce qu'on engage le destin d'autrui.

Communément, les rapports sexuels sont luttes discourtoises où s'émulent la grossièreté de l'homme et la ruse de la femme.

Je présume des êtres qui gardent en amour l'honnêteté des autres actes de la vie, et, prometteurs de délices, ne se font pas les fauteurs du mal, quand ils disent aimer.

Ici reparaît encore la question de destin, et pour la trancher avec sincérité, quelle autre règle que celle-ci :

A. LVII.   *Quand l'homme appartient à l'idéal, la femme doit désarmer ; quand l'homme est ordinaire, la femme lui sera un destin supérieur.*

Tout homme médiocre, qu'il soit industriel ou candidat à l'Académie, ne peut que se féliciter d'être dominé par une femme, si elle épouse son commerce ou sa vanité. Même, plus l'homme est ordinaire, plus la féerie de la femme éclate, si elle s'en fait un destin.

Que de fées parmi le commerce parisien, parmi l'ambition provinciale ; mais leur baguette va de d'adjudication au ruban rouge, du pot-de-vin à la médaille de sénateur : tout en cela est bourgeois et peu.

Il n'y a idéalité que si l'homme est supérieur parce que l'homme reste irréductible en sa personnalité ; on tire une duchesse d'une meschine, d'un manant on ne fera pas un duc.

Voici deux sortes de partis d'aimer, ma sœur, où ta féerie peut choisir ; aimer l'extraordinaire sans le posséder, posséder l'ordinaire ne l'aimant si tu peux.

La symbolique grecque nous a légué ces formules lumineuses, le volatil qui cherche à se fixer et le fixe qui cherche à se volatiliser ; l'antagonisme sexuel réside en ces mots. Ce volatil qui aspire à se fixer, c'est la femme : par un attract légitime et d'espèce ; mais en se fixant selon son besoin et son devenir, sa passionnalité veut fixer à son tour l'homme qui cherche sa volatilisation.

L'amour paraît donc l'accord momentané de deux intérêts antithétiques : la femme veut rester là où l'homme veut passer.

L'accommodation hermétique sera de créer chez les deux sexes une attraction supérieure à celle érotique, afin que, chacun se considérant comme un moyen pour l'autre, l'amour ruiné ne dresse pas ses autels ridicules et impérieux où doivent couler les larmes des yeux sans vision, mais qui ne méritent pas l'holocauste de l'esprit et la perdition des chevaliers du Graal.

CONCORDANCE CATHOLIQUE

ARCANE DE MÉRODACK OU DE COMMANDEMENT

L'Église a instauré deux sacrements antithétiques pour l'ordinaire et l'extraordinaire : le Mariage et l'Ordre.

Analogiquement l'amour est la tendance que réprime et sanctifie l'un ; l'entendement, la faculté régularisée et divinisée par l'autre.

Mais, de même que le problème sexuel reste irrésolu pour beaucoup malgré le sacrement, ainsi le goût de l'au-delà ne se réalise pas toujours dans sa forme sacerdotale.

Il reste encore deux catégories d'êtres profanes et importants toutefois pour l'œuvre de lumière, et la magie et la féerie sont les formules intermédiaires entre l'instinct et le sacrement.

Cet intermonde, qui n'est ni l'église ni le siècle et tient aux deux, mérite une vive sollicitude : la civilisation s'y élabore.

La femme doit concevoir comme une règle souveraine, barrant même ses plus chers désirs, qu'il y a un état mixte entre le simple chrétien et le prêtre, l'intellectuel ; celui-ci ne peut lui donner que de la direction esthétique et l'émulation d'au-delà, tandis qu'une autre catégorie, la plus nombreuse, correspond à l'amour, base du mariage.

Le mage ne doit aimer que le mystère, comme le prêtre Dieu seul : ce qui est pour d'autres la norme s'appelle pour lui le sacrilège.

VII

DE LA FÉERIE

Amitié ou amour sont des corrections de nous-même par autrui : le contact moral est analogue à la taille d'un cabochon, qui perd de la substance et gagne de la lumière.

TYPHONIA, XIe roman de l'Éthopée.

On dit qu'incessamment les anges, appliqués a une alchimie singulière, comme un souffleur ferait de l'or avec du fer, changent les sentiments humains en lumière.

LA QUESTE DU GRAAL, proses de la Décadence latine.

Je suis la couronne, car je suis la beauté des formes ; la hiérarchie me défend d'avoir un autre vainqueur que l'esprit, car je suis destiné par la sagesse éternelle à la consolation du génie.

ISTAR, V^e roman de l'Éthopée.

Oui, nous sommes enchaînés par le plus indestructible des amours, nous qui sommes en communauté des plus beaux sentiments et des plus immortelles pensées.

CURIEUSE, IIe roman de l'Éthopée.

VII

DE LA FÉERIE

Depuis la préface de ce livre, ma sœur, tu te demandes sans doute en quoi la magie et la féerie diffèrent, quoique tu l'aies pu voir au texte de Moïse que je t'ai traduit et expliqué. La magie se formule l'art de l'abstraction ; la féerie, l'art de la concrétion idéale. On retrouve dans la version aryenne, sous le nom d'Hésiode, le même mystère dont j'ai produit l'expression sémitique.

Pandore est l'œuvre de Vulcain (la nature élémentaire). Les Grâces et les Heures lui donnent une beauté multiple et protéenne : chaque Olympien, c'est-à-dire chaque règne de la création, lui fait un présent, elle se trouve formée des rapports universels.

Dans l'Inde, le souverain Créateur se transforme lui-même en mâle et femelle. Pour créer, il se dédouble en une parèdre selon la conception anthropomorphique de la Kaldée. J'ai mis à chacun des chapitres septénaires la déesse planétaire, réflexe de chaque dieu.

Goula[12] est le type accompli de la femme, qui a produit les grands mirages, Béatrice et Laure, Vittoria Colonna, celle qui, sans aimer et sans se donner, par un seul rayonnement, a fécondé les grands esprits.

Nannah[13], type moins pur, tout à fait féminin, ne concrétise que l'abstrait fantasque et intermittent, parfois pervers : ce sont les femmes de Botticelli, les Marie Tornabuoni et Simonetta.

Istar, seule déesse kaldéenne nommée parmi les grands dieux mâles, correspond strictement à l'amour, ne vaut ni en inspiration ni en manière de ferment, mais concrétise à peu près tous les appétits inférieurs comme complémentaire le plus général.

Laz, principe actif par excellence, protecteur et zélé, mais brusque et sans grâce, adorant la force musculaire, se rapproche de l'homme par la violence.

Tasmit, la personnalité la plus souple et insidieuse, espionne et intrigue si le soleil ne l'oriente pas vers les hautes sphères sociales.

Zarpanit, la grande dame céleste, figure la reine et la dame de cour, à la fois être d'apparat et d'intérieur, mondaine et familiale ensemble, comme les dames du temps de Louis XIV.

---

12   *L'Astrologie kaldéenne* : les sept types planétaires (sous presse).
13   L'incantation des sept planètes, au premier acte du *Fils des Étoiles*, donne en manière de litanies les attributs moraux de ces astralités.

Bélit est l'être des constances admirables, du secret gardé, des hautes conceptions : type des Parques, des abbesses, principe de grandeur sans grâce.

Si je te nomme de ces sept noms, je te convierai à sept voies :

Goula, rayonne sur l'intellectuel ;

Nannah, trouble de chimérisme le poète ;

Istar, aime en donnant et recevant sans vouloir comprendre ;

Laz ; agis et protège le faible ou double l'aventurier ;

Tasmit, ruse et réussis au mensonge et au luxe ;

Zarpanit, épouse ton amant et sa fortune ;

Bélit, conseille les héros et affermis le féminin.

Mais voici la norme de toute créature, que Fabre d'Olivet énonça le premier en langage moderne :

A. LVIII.   *Trois principes s'imposent, adversaires ou alliés, à la volonté humaine :* ce sont la Providence, ou la loi harmonique primordiale dont la création elle-même n'a été qu'un résultat :

Le destin, total du passé, se combinant avec l'individu et sa diathèse ;

La nécessité, total du présent, et qui limite à elle seule la volonté.

A. LIX.   *Il y a donc trois sortes de succès : celui où la Volonté s'appuie à la Providence, le seul parfaitement beau et durable, celui-là, où la Volonté est conséquentielle au Destin et sa parabole.*

Cet autre enfin où la Volonté épouse résolument la Nécessité et se résigne.

Comment, ma sœur, auras-tu la Providence pour alliée, sinon en respectant d'abord la loi harmonique primordiale qui t'attribue un rôle réflexe différent de celui de l'homme? Il ne dépend pas toujours de toi d'être l'inspiratrice d'un génie, et didactiquement, ton allié perpétuel se nomme le destin: tu seras faste ou néfaste, suivant que tu épouseras le destin d'un homme avec dévouement ou avec égoïsme; la nécessité te trouve plus résignée que l'homme et t'accable moins.

La coquetterie morale en ses beaux effets s'extériorise sacerdotalement: être élégante n'est rien, il faut que cette élégance devienne un moyen de bonté par la beauté. Janus, le mage d'*Axel*, dit au comte d'Auesperg: « Je n'instruis pas, j'éveille. » Je ne peux que te révéler à toi-même, ma sœur, et te montrer la voie.

As-tu pensé que j'allais en ce livre t'enseigner des philtres ou l'art du phénomène hyperphysique?

A l'état mondain, telle que tu m'es apparue, je concilie ta nature, et l'idéal, l'intérêt de la civilisation et ton salut.

Il n'y eut jamais de magesse, et ce mot ne désignerait rien; la fée elle-même. Viviane dans la légende, ne doit son pouvoir qu'à l'amour de Merlin. Le mot de Michelet pour un sorcier dix mille fois n'est exact que si on dénomme ainsi des malades, des folles et des intrigantes.

La sorcière, presque disparue des campagnes, à Paris affecte les traits d'une maîtresse qui veut se faire épouser et barbouille, soi-disant sous la dictée des esprits, des communications selon son intérêt ou sa fantaisie; dans le demi-monde, on dit assez souvent: « Mes esprits m'ont dit, » et des hommes se félicitent d'avoir en leur lit une Pythie.

A. LX.   *Une femme ne doit jamais se laisser magnétiser, sinon*
               qu'elle désire se donner au magnétiseur.
               Toute expérience dite spirite qui réussit est un com-
               mencement de maladie nerveuse pour la femme qui y
               participe.

Tu ne peux jouer en ces expériences qu'un rôle passif dont tu seras dupe, à moins que la feinte lucidité ne devienne une escroquerie.

Il y a bien une thaumaturgie féerique enseignable, mais je n'ai pas livré à l'homme de secrets contre toi, je ne te donnerai pas de charmes contre lui, et la plante attractive de Van Helmont restera cachée encore cette fois.

N'évoque pas le diable, ce serait l'attirer comme un courant d'air appelle la foudre, et conjure-le par la sérénité, la gaieté et la prière.

Le diable, c'est Nahash, le vertige qui est latent dans les choses.

Être fée, c'est-à-dire belle à la fois de cœur et de corps, ne permet pas d'user de laids et superstitieux artifices.

Le mage, libre de toute solidarité et pensant par lui-même, apparaît surtout un cerveau où se formule le mystère : la fée obéissant à la morale de son temps présente un cœur où l'enthousiasme officie.

Le mage, maître des idées ; la fée, reine des sentiments, sont les pendants harmoniques ; l'homme devrait subir le charme de Viviane avant d'écouter la parole du Hiérophante. Avant l'homme du mystère et de la philosophie, la femme du rêve et de l'art devrait passer dans une vie.

Le premier office de la fée serait de surgir devant les pubertés qui annoncent l'exceptionnalité et de les préserver du vice et de la vulgarité.

Prolonger la virginité des jeunes hommes d'avenir, tel est le devoir des fées ; et lorsqu'elles ne pourront plus lutter contre l'instinct, de veiller à ce que la chute ne soit ni basse, ni vulgaire, il faut sauver l'éphèbe de la grossièreté pour rénover l'esthétique ; similairement ce haut devoir a des continuations pendant toute la période sentimentale.

Le premier précepte de la magie consiste à se connaître, à agit conformément à sa nature, suivant un but rationnel.

Or, usurper sur les attributions de l'homme et poursuivre aveuglément son intérêt et son plaisir disconviennent à la norme.

Il faut relever son intérêt et esthétiser son plaisir.

Les œuvres féminines sont celles d'Esther, de Béatrice, de Julie.

Esther a sauvé sa race en séduisant un monarque, Béatrice s'est immortalisée en rayonnant sur le génie de Dante, et Julie d'Angennes a policé les mœurs et les manières de son temps.

Tout par l'homme, tout sur l'homme, tout en l'homme.

Es-tu belle ? Éblouis. Es-tu bonne ? Apaise. Es-tu fée ? Sauve.

L'histoire est là terrible qui t'accuse de n'aimer que l'être que tu t'appropries.

J'ai cherché vainement quel génie tu as discerné, quel talent tu as proclamé avant le public, sensible à la célébrité, non pas au génie. Parmi les lectrices de Balzac prétendues enthousiastes, nulle n'a jamais songé à payer ses dettes. Quand Wagner avait faim à Paris, et le soir de *Tannhauser*, ô pecques mondaines, qu'avez vous fait, associées aux crétinismes de vos époux et de vos frères ?

Paganini envoya vingt mille francs à Berlioz après avoir entendu la *Symphonie fantastique*, et Paganini était avare. Voilà, ce qu'aucune femme n'a fait.

Les intérêts sexuels divergent à tels points que je parais armer l'une contre l'autre ces combativités. Superficiellement, entre *Comment on devient fée* et *Comment on devient Mage*, on pourrait voir l'antithèse machiavélique du *despote* et du *discours sur les décades de tite-Live*, l'un manuel du tyran, l'autre du démagogue : ce dessein serait indigne de la sainte doctrine.

J'ai dit à l'initié : l'amour est la partie inférieure de l'idéal, et plus tu t'élèveras plus tu refuseras à la femme les nobles parties de toi-même. J'ai enseigné à l'homme d'exception de rechercher l'idéal dans l'art et le mystère, et de ne venir à toi que pour cultiver sa sensibilité et détendre ses enthousiasmes.

Je te dis, ma sœur : l'amour est tout, et par lui seul tu rayonnes, et plus tu t'élèveras, plus tu concevras noblement ce rite, ton seul grand côté ; car le mystère t'est fermé et tu ne comprends l'art qu'à travers un amant : là aboutit ton enthousiasme.

Est-ce à croire que je te pousse à guerroyer contre le mâle ? Non, je te livre tout le monde, du magistrat jusqu'au dernier officier, de l'industriel au mondain ; ceux-là étant des matériels ne peuvent pas monter au-dessus de l'amour : tu es leur idole pour ta joie, pour leur bien.

Quant à ceux de ce tiers-ordre qui comprend les sciences, les arts et le mystère, ne t'en approche qu'avec le mot de Kundry « servir ».

Quand un homme appartient à l'humanité ne tente pas de le détourner à ton profit, tu n'es mauvaise qu'au mage : le *mage* seul t'est défendu ; prends le reste. Mais j'entends par mage tous ceux qui dans le présent appartiennent à l'avenir, qui dans le contingent s'efforcent vers l'idéal, les clercs et les esthètes.

Ce chapitre au manuel de l'homme s'appelle autodidactie : comment la femme serait-elle autodidacte, l'instable qui désire se fixer selon la formule grecque ? Déjà, l'action toujours sainte de la religion n'opère heureusement que dosée avec intelligence, et j'ai indiqué la pluralité des amitiés intellectuelles comme le moyen le plus propre, généralement.

L'homme qui peut te guider ne doit pas t'aimer au sens passionnel. Tu te feras initier par le mâle cérébral, mais tu ne toucheras pas à son cœur : il est tabou comme en Polynésie l'être ou la chose qui appartient à la divinité.

Ce qui taboue un homme, c'est son œuvre ou sa solitude ou sa science ou son amour du mystère.

A. LXI.   *La fée est à l'animique ce que le mage est à l'intellectuel : le mage procède par l'entendement, la fée par la sensibilité sublimée ; celui-ci est un cerveau qui aime l'idéal, celle-là est un cœur qui cherche l'au-delà ; il y a un point impersonnel du cœur, qui confine l'abstrait comme un point d'abstrait qui touche à l'extrême sensibilité ; ici est la suture pour l'unification androgyne du devenir.*

Délivre-toi, ma sœur, de la contingence qui te borne sans cesse, projette ton désir en hauteur, et surtout n'apporte aucune folle vivacité dans la féerie. Selon ta nature tu quittes le devoir dès qu'un enthousiasme te visite, abandonnant des parents qui ont besoin de toi pour aller au cloître, ou désertant le foyer pour l'amour.

Accomplis d'abord les devoirs de ton sang et de ton état, sois fille et sœur avant tout, et selon la rigueur de ces imprescriptibles obligations.

Sois pieuse, et il n'y a qu'une piété occidentale, le catholicisme : ce commandement absolu ne souffre aucun dilatoire ; n'ose jamais, même en pensée, douter d'un dogme du *credo*, ni t'affranchir de la pratique religieuse ; mais à côté de la dévotion instaure l'admiration, et que les grands génies soient les vrais époux de ta sensibilité !

A. LXII. Le mâle cérébral ou génie ne quitte ni l'humanité ni sa puissance sur l'individu par la mort ; son verbe flotte vivant dans l'éther, et la femme, par les rites de l'admiration, peut se faire féconder par les grands morts.

N'est-ce pas Plutarque qui arma la main de Charlotte Corday et trempa la vertu de Mme Rolland ? Et les noblesses de la vie intime ne sont-elles pas nées à peu près toujours des poésies ou des romans qu'une femme a lus et aimés ?

Obligé, pour pénétrer en ton pauvre esprit, de suivre la façon morcelée qui t'est propre et de manquer à la méthode pour te mieux convaincre, je vais cependant réduire en un mémento l'esthétique de la féerie.

Et d'abord, plastiquement tu apprendras à reproduire devant ta glace les rythmes nus des chefs-d'œuvre grecs ; ensuite tu essayeras les effets de draperie dite mouillée, puis flottante ; enfin tu passeras à l'étude des vêtements. Le plus noble est toujours celui où le pli vertical domine : décorativement, la robe doit être développée en longueur et collante en largeur.

Après ces exercices d'après la sculpture, il faut étudier les attitudes des tableaux et les effets de clair-obscur : je n'entends pas

promener à travers la vie et les salons la copie vivante de tel numéro du palais Pitti; mais cette application aux aspects de l'art
seule prépare une femme à l'invention de l'attitude.

Au point de vue du parlage, il faut soigner l'intonation, la
femme ne disant jamais rien qui vaille: écouter comme madame
Récamier et savoir faire parler autrui est tout son art de causerie.
Les chats et les gens supérieurs détestent le rire, qui est aussi peu
de mise dans le commerce social intelligent que les larmes elles-
mêmes.

L'expression mondaine se modèle en pénombre, c'est-à-dire en
sourire.

Pour employer cet argot cher aux élégantes de ce temps, la te-
nue artistique que je conseille implique la pose morale; de nobles
gestes ne permettent d'exprimer que les beaux sentiments.

Cette coquetterie de l'âme fera des dupes, mais l'être sentimental appartient à cette duperie féconde qui consiste à l'illusion sur
un être.

Métaphysiquement, il n'y a aucune raison qui légitime ce fait
extraordinaire de subordonner son plaisir à l'humeur d'un être;
mais il y a un besoin, et la duperie qui satisfait ne dupe pas.

L'intellectuel, qui vit dans la contemplation des idées et des
formes, regarde la femme d'un œil critique qui approuve ou blâme:
l'autre, celui qui n'est pas intellectuel, la contemple comme l'unique
idée et la seule forme; si l'idée est vulgaire et la forme ordinaire,
en conséquence il aura l'homme de Médan pour lecture, le Palais-
Royal pour théâtre.

Au contraire, si sa sensibilité est actionnée plus noblement
quand il s'affronte à la femme, il lira Balzac, d'Aurevilly, Villiers, et
ira à la Comédie les jours classiques et à l'Opéra pour *Lohengrin*.

A. LXIII.   L'homme général adopte la formule d'art analogue à la mondaine de son temps.

Vois-tu, ma sœur, ta responsabilité est que la civilisation dépend de ton action sexuelle ; si tu n'obéis pas à l'intérêt de l'art qui t'a tout donné, l'art te reniera : il faut servir ou finir. L'intellectualité de demain foudroiera ton prestige, si tu n'accomplis pas ta vassalité.

Je t'ai répété que l'intellectuel était tabou : son cœur t'est interdit, intéresse son esprit et ses sens, s'il a l'imperfection d'en avoir, mais ne le trouble pas de passion.

En revanche, fais ton destin de toute la ménagerie sociale.

A. LXIV.   Quand un homme n'appartient pas à l'idéalité, il relève de l'amour ; et tout être qui ne relève pas de l'Ordre dans le sens le plus étendu du mot, appartient au mariage, c'est-à-dire que sans une passion divine on appartient à la passion inférieure qui est l'amour.

Et maintenant deviens fée ; si tu as en toi un peu de divine ambition. N'essaye pas de juger ; accepte ou refuse. J'ai dressé un phare au milieu des écueils, et son feu t'éclaire le port d'idéalité, le havre d'éternité.

Mets le cap sur ce portique étincelant, la gloire t'y attend, la vraie gloire que la mort ne discontinue pas, et aussi cette part du bonheur, la seule à notre portée, qui réside dans l'accomplissement harmonieux de notre relativité, parmi les êtres et les mondes.

Sois Diotime, Esther, Béatrice ou Récamier.

CONCORDANCE CATHOLIQUE

ARCANE DE ADAR OU DE LA PERMANENCE

La sérénité est la forme extérieure de la sagesse, et le mariage mystique des primitifs le symbole de l'adhésion au plan divin.

Mais la sagesse comporte l'enthousiasme comme seule passion noble, et le plan divin se subdivise en activités très diverses. Être pacifique ne signifie que le dédain des mesquines compétitions, non pas la tiédeur et l'indifférence.

Dans la femme, ce qui n'est pas vif n'est pas du tout ; il y a nécessité pour elle à s'enflammer.

Tandis que l'homme a pour plus grand ennemi l'État, la femme n'a qu'à faire sa paix avec l'opinion. Ses entreprises se heurtent aux mœurs, non aux lois ; et les mœurs sont cette matière à la fois précise dans le détail et vague en son principe, où la fluctuance apporte de la facilité.

Même dans le but le plus élevé, la femme ne doit pas méconnaître violemment la moralité du lieu où elle vit, car elle ne servira l'idéal que dans la mesure où elle sera accréditée.

Elle doit donc garder fermée sa personnalité intérieure, et ne la manifester que selon les coutumes, sous peine d'un désordre fatal à elle-même.

LIVRE SECOND

DUODÉNAIRE

DE

L'ASCÈSE FÉERIQUE

LIVRE SECOND

DUODÉNAIRE DE L'ASCÈSE FÉERIQUE

La notion orientale de la femme est tombée sous l'action chrétienne et sa découverte du rôle providentiel de la passion, qui émeut tout ce qu'un influx plus élevé laisserait inerte, et remplit d'utiles ferments les âmes qui ne contiennent ni Dieu ni l'idée, ou même, dans ces âmes, les vides qui y restent.

*TYPHONIA : XI*ᵉ *roman de l'Éthopée.*

Avoir ses pas marqués des crachats de la foule, et puis, à son dernier, tomber dans la lumière, et monté dans le ciel, et devenu un astre, se venger en soleil.

LA QUESTE DU GRAAL, prose de la Dcadence latine.

Je m'étonne, gens du monde, qu'on ait daigné vous confondre en de longs discours, un seul mot vous qualifie et vous juge : imbéciles !

*LE VICE SUPRÊME, I*ᵉʳ *roman de l'Éthopée.*

I

LA QUIDDITÉ OU DE LA VRAIE VOIE

Onomie vénusiaque : Anosie.
Héraclisme :   Lion de Némée.
Heure :   Titanis Augé.
Sibylle :   Sebba la Kaldéenne.
Signe :   Le Bélier.
Arcane :   L'Octénaire.

La féerie est l'art de la sublimation de la femme, la magie se définissant la suprême culture de l'homme : les ascèses diffèrent avec les natures. Tandis que l'homme seul doué de cérébralité cherchera son meilleur devenir dans la subtilité, la femme, d'une impressivité si intense, trouvera son évolution ascendante dans l'orientation de sa sensibilité même.

Il faut t'étonner pour te convaincre et te passionner pour t'améliorer : le mage ne devrait t'approcher qu'avec les prestiges de l'art. Mais la vérité sainte habite les hauts lieux, je ne puis l'en faire descendre, ma sœur, essaye donc de monter, et défends-toi du vertige.

Ce que l'Église t'enseigne, pratique-le d'abord : les vertus impérieuses de la chrétienne sont nécessaires à la fée : seulement la religion, étant la formule de tous, ne s'occupe pas des quelques-uns d'envergure ; ceux-là relèvent de la magie, qui éprouvent une difficulté à unir la piété à l'idéalité : je leur apporte cette accommodation.

Ta part du mystère, femme, c'est la beauté, non cette stérile et contestable fantasmagorie qui consiste à passer par les mains niaises d'un Redfern ; mais à manifester la sensibilité la plus noble, à actionner l'homme par une sexualité providentielle, c'est-à-dire abstraite.

Il n'y a pas de beauté physique sans beauté morale, et voilà le pourquoi de la laideur des filles, mais il n'est pas de beauté morale sans grâce extérieure, et voilà pourquoi tant d'honnêtes femmes sont détestées et détestables.

Il s'agit donc de vertuoser la beauté ou d'embellir la vertu, de mêler le défendu au commandé et le profane au sacré et que les saintes sourient aux élégantes, pour les sanctifier.

Je te suppose en ce moment honnête, et mieux pieuse, voici quelques premiers conseils de coquetterie morale et des exercices de sensibilité :

Lire et regarder, afin d'être regardée avec désir et lue avec adoration, telle la formule. En théologie le catéchisme te suffit ; en philosophie tout te serait nuisible, en magie, fatal. Je t'interdis la métaphysique ; mais je t'offre l'esthétique.

A.LXV.   *La femme peut se faire féconder par le génie, et offre la même réceptivité aux œuvres qu'aux hommes.*

A. LXVI.   *Les chefs-d'œuvre sont les recteurs de notre sensibilité et la haute culture consiste à devenir intime avec les maîtres.*

*A. LXVII. La caricature, le comique, le contemporain et le réel
sont des maladies honteuses de la sensibilité esthétique.*

Commence ta lecture par les trois tragiques grecs : Eschyle,
Sophocle, Euripide.

Continue par Shakespeare, Corneille, Racine, Wagner. Je t'indique ces génies dramatiques parce qu'ils ont peint incomparablement la passionnalité qui est ton domaine : je ne te parle ni
d'Homère, car il faudrait te convier à tous les poèmes cycliques, ni
de Dante, poète sacré, trop haut pour toi.

En même temps que les sept tragiques, étudie par les livres à
images, et par la visite aux musées et aux monuments, l'ectype des
époques : Athènes, Rome impériale, Moyen Âge, Byzance, Rome
papale et Renaissance.

Étudie-les fémininement, dans les modes et ajustements, dans
le mobilier et le décor.

L'histoire n'a jamais été écrite à ton point de vue : guerres,
traités tout l'attirail des manuels, oublie-les, mais sache comment
Blanche de Castille se fit donner la Champagne par Thibaud et
pourquoi Marie Leczinska ne fut pas aimée : l'histoire est le recueil
des expériences, tu y trouveras des profits.

Des sciences, tu ne dois savoir que ce qu'emploie la poésie,
c'est-à-dire que le nom des étoiles, des fleurs et des gemmes[14].

En revanche, tu connais à fond les arts et possèdes en souvenir
vivant les chefs-d'œuvre. Exerce-toi à reproduire les gestes célèbres,
depuis la lenteur Aldobrandine jusqu'à la mélancolie de Dürer;

14   Le *Vice suprême*, Iᵉʳ roman de l'Éthopée. V. L'éducation de la princesse
Léonora d'Este par Sarkis. V. aussi *Victoire du Mari*.

entre une estampe et ton miroir étudie le sourire de Léonard, le sourire de Corrège, le sourire de Prudhon : tu dois parvenir à mimer les statues admirables ; elles t'enseigneront l'art du mouvement nu : sans cette étude une femme paraîtra toujours déshabillée, c'est-à-dire mondaine et non déesse.

A. LXVIII. La mimique volontaire d'après les maîtres harmonise les sentiments : l'habitude de noblesse imposée au corps modifie la pensée : il est impossible de parler vulgairement dans une attitude sublime.

Les grands artistes du dessin, voilà les maîtres de la coquetterie physique ; les poètes t'enseigneront la coquetterie morale. Garder sa virginité ou sa foi, inspirer de beaux sentiments ou de nobles actions, être enfin la Muse et la Madone, voilà ce que te conseille même Baudelaire, le plus calomnié des aèdes.

Ta mission providentielle, ne l'oublie pas, a deux aspects, servir tes maîtres, asservir tes inférieurs.

Tes maîtres sont ceux qui conçoivent un autre idéal que l'amour ; tes inférieurs ceux qui mettent leur idéal dans l'amour et dans toi.

Plus tu seras développée, plus tu auras de tendance à aimer un maître ; et cependant tu ne peux être bien aimée que par ton inférieur ; il faut que tu conçoives l'amour et le destin séparément, car tu ne peux demander ni la passion à l'inférieur, ni le destin au supérieur.

La femme est un perpétuel devenir, et sa puissance ne se limite que par son charme et son aventure : l'homme est un immuable devenu, et il ne sera jamais que ce qu'il est né.

Tout intelligent métamorphosera une femme moyenne en extraordinaireté ; il n'y faut que de l'or et du génie : jamais aucune femme n'a élevé un homme par son amour, elle a triomphé de l'alcool ou d'un autre vice, elle n'a pas haussé sa nature ; la femme ne modifie que l'extériorité et non par elle, mais par l'application de l'or à l'amour : si la comtesse Hanska eût été pauvre, Balzac n'eût pas insisté si longtemps.

Reine, une femme modifie à son gré le destin, car tel le domaine de l'action sexuelle qu'elle agit sur les circonstances, non pas sur la personnalité masculine.

Je vais t'expliquer pourquoi toi, subordonnée, tu es ici promotrice.

Le désir sexuel, soit voluptueux, soit vaniteux, soit pécheur, soit sacramentel, est le ferment le plus vif de l'activité masculine. Au bout de son travail et de ses efforts, l'homme ne voit la jouissance de la fortune acquise que sous les traits d'une femme, épouse ou maîtresse : il apparaît donc le facteur normal du destin féminin.

La contemplation abstraite et l'œuvre esthétique réduisent la femme à la valeur du piano : instrument de lecture des partitions de la vie : de but, elle passe à l'état de moyen ; simple chef-d'œuvre parmi les autres, et l'amour se profile comme l'art inférieur qui repose des sublimes.

A. LXIX.   La femme doit être l'excitation de presque tous, la détente de quelques-uns.

Ta nature t'invite à vouloir transposer ces termes, asservir tes maîtres et exciter ceux que tu dois apaiser : ton rêve, quand tu rêves, c'est de masquer l'idéal véritable et d'en prendre la place dans une âme, n'attend pas que, dilettante et pervers, je te donne des armes et des secrets contre l'homme.

Si tu n'acceptes pas la norme, le malheur viendra, il viendra complet, infaillible, et mon enseignement est conçu de telle sorte que tu ne puisses que te perdre, si tu essayes de le dresser contre mes frères de l'exception. Lucrezia del Fede qui déshonora la Sarte et celle qui désola Dürer, et la maritorne de Rousseau et l'ombre de George Sand se lèvent déjà pour t'inviter : ces grands hommes ont subi le pouvoir absurde. Soit, je ne puis que te maudire et te bannir de la féerie ; mais si tu as quelque noblesse dans l'âme ou quelque instinct raisonnable, écoute ceci :

A.LXX.   *Le malheur ou le bonheur résulte d'un désaccord ou d'un accord de la volonté individuelle avec la Providence et le Destin.*

Voilà pourquoi, afin de te permettre la coquetterie, j'ai montré le pouvoir de charité du sourire et la bienfaisance de la beauté.

Voilà pourquoi, afin de le livrer des hommes pour faire ton destin, je t'interdis la catégorie à laquelle tu ne dois pas toucher.

Le seul point où je suis forcé de t'instruire en combativité avec l'homme est celui de tes faveurs : l'homme supérieur doit se considérer ton égal dans le don de soi-même, tandis que ton intérêt réside à rendre la possession aussi importante et grave que possible. Surfais ta reddition, tandis qu'il la déprécie : c'est votre droit à tous deux.

A. LXXI.   *Toute volonté doit se quadrer avec trois termes pour aboutir pleinement et se réaliser dans la durée.*

La volonté de Goula doit adhérer à la seule Providence : c'est la beauté rayonnante et le sourire de charité.

La volonté de Nannah se combine avec le destin ou le total des antécédences et des simultanéités.

La volonté de Laz se réduit à elle-même.

La volonté d'Istar subit toujours la nécessité.

La volonté de Tasmit prend les trois influences sans les garder.

La volonté de Bélit est faite de providence et de destin.

Vois donc, Goula, d'être Laure, Béatrice, Diotime; Nannah, d'être Hélène, Lucrèce Borgia, Ninon; Zarpanit, d'être Sévigné, Agnès Sorel, Vittoria Colonna; Laz, d'être Catherine; Istar, d'être Aspasie, Lavallière; Tasmit, d'être Pompadour; Bélit, d'être Élisabeth ou Maintenon.

Voici le questionnaire : avant tout acte

« Devant la Providence, ai-je ce droit ?

Devant le destin, ai-je ce devoir ?

Devant la nécessité, ai-je ce pouvoir ? »

A. LXXII. La volonté se réalise lorsqu'elle se conforme à la loi divine ; harmonieuse avec le passé elle dénoue le présent.

Tu te conformeras à la loi de Dieu en divisant les hommes en deux castes : l'une comprend ceux qui voient un idéal supérieur à l'amour, et tu ne dois jamais tenter ton pouvoir sur eux ; l'autre englobe les autres, pour qui tu es la porte, la voie, la lumière et la vie. Comment te donner une marque plus visible pour reconnaître tes sujets que leur propre pensée : règne sur ceux qui t'éliront reine.

Si tu veux, malgré ma défense, tenter un de tes seigneurs les hommes pensants, souviens-toi que leur idéal plane au-dessus de toi, et ne touche pas à leur destin.

Il n'y a pas un seul homme de génie que sa femme n'ait diminué : l'engendreur selon l'esprit est impuissant aux résistances nerveuses de l'intimité, et la nature du binaire oxyde littéralement les caractères.

Destinée, bourrèle attrayante, à incarner le désir général et à imposer la douleur à ceux qui sans toi ne souffriraient que du corps, cherche ici, en ce clavier animique, ta dominante.

Goula, réflexe de l'abstrait, rayonnement sur l'art et les mœurs.

Nannah, réflexe de l'individualisme poétique.

Zarpanit, réflexe du collectif national, faculté rectrice.

Istar, réflexe exclusivement sexuel et sur l'individu.

Tasmit, réflexe antiphysique et de réalisation matérielle.

Laz, réflexe d'activité matérielle et d'effort tragique.

Bélit, réflexe de mysticité janséniste et de constance philosophique.

Goula, le plus haut réflexe d'idéal féconde l'individu et harmonise le collectif : Nannah fomente la vibration individuelle.

Zarpanit représente la femme d'État, d'apparat, l'officielle : Istar la femme d'amour ; Tasmit la femme d'affaires et Bélit la dame de solitude.

Goula rayonne, Nannah fomente, Zarpanit établit, Istar charme, Tasmit réussit, Laz agit et Bélit pense presque.

Donc, Goula, réflexe de lumière, agit sur tous les hommes et non pas sur un.

Nannah, être de pénombre, fais les mirages sur la personnalité.

Vous, Zarpanit, née ambassadrice, présidente, épousez les fonctionnaires.

Istar, les être les plus matériels qui sont les militaires.

Tasmit, les financiers, les commerçants, les diplomates.

Laz, les explorateurs, les pionniers.

Bélit, les idéologues et les conspirateurs.

Pour descendre à une assimilation toute moderne :

Goula est la grande dame ou mieux la dame au sens superlatif ; Nannah la chercheuse, Zarpanit la femme de fonctionnaire, madame présidente ; Istar la galante ; Tasmit la commerçante, Laz la virago et Bélit la vieille fille.

La première épreuve imposée par Eurysthée à Hercule figure de reconnaître d'abord sa série et ses semblables planétaires. Analogiquement le lion de Némée était le réflexe d'Hercule, il faut donc triompher de l'erreur des similitudes, et le nom d'Anosie que porte Vénus, en rappelant que les Thessaliennes lapidèrent Laïs et son amant Hippolochus, enseigne qu'il faut d'abord être doux à nos disparates, ne jamais prononcer sur autrui la sentence morale, la plus injuste de toutes, puisque l'hypocrisie l'énonce et l'ignorance des mobiles la dicte.

CONCORDANCE CATHOLIQUE

ARCANE OCTOGÉNAIRE

La femme a l'aigreur de ses prérogatives et la férocité de son droit, à un point maladif. Les confesseurs semblent coupablement renoncer à les pacifier, étant donné le nombre de dévotes qui fonctionnent la haine et approchent des sacrements avec une double et semblable régularité.

Il faut cependant admettre dans l'état de civilisation des vertus publiques chez la femme, non pas un civisme imbécile, mais une sorte de sublimation des mœurs.

Marie Leczinska avait un autre devoir que de s'embéguiner : et si les âmes nobles se désintéressent d'un siècle pour s'égoïser dans le soin du salut personnel, elles donnent toute carrière aux êtres abominables.

La vie mondaine est un fait, l'exorciser et la fuir ne bonifiera rien, et l'instauration d'un devoir élégant, la formule d'un directoire profane, l'invention de la féerie, mérite un examen de ceux qui ont charge d'âmes.

Celles qui échappent à la dévotion, celles que l'Église abandonne pour ainsi dire : par leur état permanent de péché, relèvent de cette nouvelle ascèse, et, malgré les idées préconçues, Julie d'Angennes avec son salon bleu a beaucoup fait pour le goût : je n'hésite pas à élever en face de la dévotieuse, non en rivalité, en complément, la figure noble et charmante de celle qui rayonne le bien par la grâce : la fée.

II

L'ORIGINE OU DE LA MÉTHODE

Onomie vénusiaque : Glycyméilichos.
Héraclisme : L'Hydre.
Heure : Auxo-Anatolé.
Sibylle : La Libyenne.
Signe : Taureau.
Arcane : Le Novénaire.

Née du désir de l'homme, ton origine indique ta voie ; remémore l'énonciation mosaïque que je t'ai minutieusement expliquée, suppose la scène identique, actuelle.

L'homme, isolé entre les rapports de l'instinct matériel et les satisfactions de corporéité, les juge trop basses pour s'y complaire ; d'un autre côté l'invisible idéal est trop haut pour qu'il le conçoive : il aspire donc à un nouvel état où un instinct le poussera ; mais, mêlé à cet instinct, il veut trouver une approximation de l'invisible, de l'au-delà.

Quel sera donc cet état médian encore matériel et déjà idéal, ce terme moyen entre la brutalité et l'abstraction, sinon l'amour qui a la force d'un besoin et une base organique, avec une confuse envolée vers les choses supérieures.

L'homme t'aperçoit, ma sœur : sitôt il reconnaît l'être qui lui correspond par ses formes et par ses facultés.

D'âme et de corps tu le complètes, d'âme et de corps tu offres à l'œil et au cœur des concavités à ses convexités : et ainsi de lui à toi.

Plus l'homme se supériorise et s'éloigne de l'état de nature, plus il t'échappera : l'exercice cérébral raréfiant en lui la force instinctive, il se satisfait d'idéal par l'abstraction. Voilà pourquoi je t'interdis, selon ton intérêt même, de chercher ton destin parmi les abstracteurs.

Venons au premier acte de ton libre arbitre : tu t'y verras l'introductrice providentielle de la douleur, avec ta mission d'absurde évolutif.

Nahash d'adresse à toi, (de secrètes affinités existent entre vous) ; pour faire commettre une folie à Adam, il faut que tu t'incarnes ; Nahash le sait.

Je ne reprends pas ainsi le réquisitoire indigné des uns, gouailleur des autres : ton premier péché était fatal.

Le monde moral a été ainsi conçu que les fautes de l'homme, prévues et alchimisées comme par avance, aboutissent toujours, même malgré lui, à la quintessence, c'est-à-dire à la gloire de Dieu. Je n'ôte pas du texte sacré l'idée de désobéissance, je spécifie ses conséquences providentielles.

Le premier être, androgyne, ne pouvait prendre conscience de lui-même : il stagnait incapable d'évoluer entre l'instinct et l'entendement. Dédoublé, il comprit l'en deçà de lui : mais l'au-delà, la douleur seule le lui révélerait, sa raison le défendant de la tentation, source du souffrir. Evah, téméraire et inconsidérée, avide noble-

ment, se laissa séduire par l'idée du savoir ; enivrée de sa découverte, elle présenta à Adam un reflet d'au-delà irrésistible.

Donne-le tous les jours de la vie, modernise cette version : n'est-ce pas la femme qui pousse l'homme à engendrer, alors qu'el-le-même en souffrira ; n'est ce pas au nom de la femme, épouse ou amante, que la plupart s'évertuent à faire fortune : la femme de-meurera la seule façon civilisée de jouir de l'or, une fois conquis.

Ainsi tu es née pour satisfaire l'âme moyenne, ainsi tu présen-tes des reflets d'idéal qui accélèrent la vie sentimentale de l'hom-me. Ainsi prêtresse, tu officies la souffrance : il y a une hiérarchie des voluptés et des douleurs, et tu n'es ni la haute volupté, ni la féconde douleur. Le mystère, l'enthousiasme, la foi engendrent de plus grandes vibrations d'âme : aussi serais-tu pestilentielle aux mystiques, aux mages et aux esthètes.

Souffrir pour l'idéal, pâtir pour l'abstrait, se douloir de son imperfection, ces thèmes fécondent autrement que tes vertiges. Vulgarisation du plaisir et de la peine, ô femme, tu réalises leur forme égalitaire et peuple.

Médite ce verset 16 que je te répète ici :

« Je multiplierai les points vulnérables où Nahash pourra t'at-taquer sans cesse. » Voilà l'indication de ton humeur instable, de ton vague à l'âme, de tes perversités, de toute ton incohérence ; « mais je multiplierai aussi tes points sensibles avec ton conscient intellectuel Aïsch (c'est-à-dire le désir de l'homme), et tu seras toujours extrême dans les deux sens, en perpétuelle et douloureuse appétence, et sans cesse entraînée vers ton positif Aïsch, dont tu es le réflexe. Tu n'auras jamais d'existence propre et tu ne seras colorée que de son reflet. »

Cet arrêt contient ton devoir et ton droit et le veux-tu style actuel :

A.LXXIII. Le Ruach ou âme de la femme étant surabondant au point de tenir quantitativement la place du Neschamah propre à l'homme seul, elle sera en communion avec les courants de la sensibilité universelle, visionnaire, extatique, sybille, somnambule, intuitive et divinatrice : cette même communion avec la sensibilité universelle lui permettra de présenter à Adam le reflet de tout l'au-delà, et de produire les mirages les plus divers.

La femme devra tendre à la sainteté, à l'héroïsme, sinon elle ne vaudrait rien ; sa norme s'appelle l'excès, la pondération lui étant impossible. L'homme sera toujours son moyen et son but, elle ne tentera pas d'exister par ses propres œuvres, et recevra tout du désir qu'elle fera naître, enfin elle vaudra suivant la hauteur des mirages produits sur l'âme de l'homme. Inspire le poète, Béatrice ; posez devant le peintre et le sculpteur, duchesse d'Albe et princesse Borghèse ; donne la réplique sentimentale à Lacordaire ; Swetchine ; mais ne fais ni poème, ni tableau, si statue, ni aphorismes, car l'expérience est là, qui prouve l'œuvre de la femme toujours inférieure à l'œuvre mâle contemporaine.

Tu crois t'élever en singeant l'homme, au contraire, tu avoues ton impuissance à être aimée et à aimer, tu avoues des sens mal conformés et un cœur pire.

Si on retrouvait quelques passages d'Hésiode, analogue à ceci : « Les muses, un jour lasses d'inspirer, voulurent produire à leur tour, Melpomène écrivit une tragédie, Thalie une comédie, Erato une ode, et elles les apportèrent au jury des Olympiens. Aucune n'eut le prix. « Or, aucune n'a jamais eu le prix. La Muse dicte et n'écrit pas : que dirait-on d'une idole qui se ferait prêtre, et descendrait de l'autel où elle rayonne pour se perdre parmi les servants du culte.

« Vaut-il mieux — me dira-t-on — si on est pauvre, se prostituer, que chercher à gagner sa vie par la plume. » Assurément, si on précise ce terrible mot.

La prostitution, en quoi consiste-elle ? Est-ce la polyandrie ? Non, la plupart des femmes honnêtes sont polyandres quand elles ne sont pas polygames. La prostitution serait-ce donc l'œuvre de chair sans plaisir ? Alors la forme de la prostitution serait le mariage ? Serait-ce enfin dans le cynisme que réside le fait ? Le cynisme est une malhabileté.

Ce serait une erreur de croire la beauté le *sine qua non* de l'amour, ou l'amour la raison des mariages et des concubinats !

La femme amorce l'homme en un début de séduction, mais le garde par sa *puissance d'embêtement.* Je n'ai pas d'autre expression pour figurer cette faculté permanente d'être insupportable sans cesser et qui explique tant de vies conjugales. Il semble que l'homme pourrait défenestrer cet être qui ne vaut que s'il vous aime ; il semble mal : la femme, entrée une fois dans ce rôle de bourrèle intime, devient la norme de la douleur, dès lors sa force est abstraite ; agissant pour le compte des lois providentielles, elle lève l'impôt du dam. Aussi nul ne connaît un époux qui ait triomphé dans l'intimité, sinon comme brutal et assommeur.

Donc, ma sœur, si tu doutes de la puissance de tes charmes, assure-toi sur ta puissance *d'embêter,* et jette ce *lazzo* aux jambes de l'homme, il tombera. Tu attires par le plaisir que tu promets, tu garderas par la douleur que tu donnes : de même que ta chair terrasse et épuise vite la chair de l'homme, ton âme lasse et essouffle son âme, tes nerfs le vaincront toujours, ou par la volupté ou par l'embêtement.

Je semble livrer l'homme au Minotaure féminin. Oui, je livre ainsi l'homme quelconque.

L'homme du Jockey-Club, l'homme de la rue du Sentier, l'homme de la bourse et l'homme de la caserne, que représentent-ils devant l'idéal, en quoi importent-ils à l'œuvre divine? Leur utilisation esthétique se peut-elle faire autrement que par la femme? Celle du monde est quelquefois jolie, souvent élégante; son luxe, quoique sans goût quelque fois, se rencontre utilement avec l'art; elle souscrira à un théâtre wagnérien et commandera son portrait; autour du commerçant, l'épouse fait la famille, la chose sainte, et la femme de l'officier sera prochainement l'avocate et l'alliée de l'intellectuel tombé dans la géhenne.

Je ne me flatte pas, ma sœur, d'être compris et suivi: cependant n'essaye pas d'isoler un des secrets que je te livre de mon enseignement. Emmêlés, mes avis n'armeront ton égoïsme que dans la proportion où tu serviras l'idéal.

Te révélant l'abstrait sous sa forme féminine, je ne te lie autant que je te déchaîne, et tu verras à l'essai ce que signifiait ce sacrifice matériel que les anciens offraient à une divinité avant l'entreprise.

A. LXXIV. *La réalisation est proportionnelle au renoncement.*

Si tu ne fais pas la part de l'idéal en tous tes destins, tu ne les réaliseras pas. Pour résoudre la difficulté de ton ascèse, accommode ton heur et ton salut.

Compare ce livre avec son précédent, malgré la similitude méthodique, tu t'étonneras des différences. L'homme par l'abstraction s'affranchit de son vide; au lieu de le combler par toi, il s'adresse au divin; tu peux, il est vrai, devenir mystique et carmélite; tu peux, au lieu d'offrir ton vide à l'homme, le tendre vers Dieu; ceci est la sainteté, et ma mission ne saurait toucher à cette matière. Celle qui marche en voie d'extase, qu'elle dédaigne la voie de féerie : j'ai exclu les prêtres eux-mêmes de ma pédagogie mâle.

Je ne puis te parler de ta personnalité, tu n'es pas une personne : mais une particule collective : tu es la féminité, une espèce, une série ; la personnalité ne te vient que par l'autrui, soit l'au delà, soit le collectif mâle, soit l'individu masculin.

L'homme ordinaire, sans idéal, se meut selon des appétits ou des intérêts, ces conséquences sociales de l'appétit : il ressemble à l'Adam primitif que ne contentait ni la nature, ni l'intangible, l'abstrait. Tu parais et sitôt, sous ta forme, un peu d'idéal lui advient ; il n'entend rien à la ligne, cependant les courbes de ton corps le charment : il prendrait Véronèse pour Rembrandt, mais la couleur de ta peau entrevue par la fente du corsage le ravit ; sollicité voluptueusement de sortir de lui-même, il s'altruise en toi. Dès lors, le ciel et la mer, indifférents en eux-mêmes, il les aimera dans tes yeux : les fruits qu'il mangeait sans les voir, les fleurs qu'il fanait sans les regarder, il les contemplera à tes lèvres, à tes seins.

Tu es le microcosme, le résumé de tout le phénoménisme, et aussi un principe de mouvement, une occasion d'activité : car ton ennemie, Nahash, se répercute en toi et te renouvelle par un perpétuel va-et-vient de lumière et d'ombre.

Tu es la lanterne sexuellement allumée où Nahash fait passer ses fantasmagories : or Nahash se définit la mer des illusions, le torrent des mirages, le confluent de toutes les forces intermédiaires entre l'homme et l'esprit. Nahash charrie en fleuve toutes les formes, tantôt déformées, tantôt brillantes : grâce à la surabondance de ton Ruach tu reçois le contact de cet énormon formidable, qui illumine et déçoit tout à tour. Conçois-tu maintenant pourquoi tu n'es salutaire qu'aux gens ordinaires, sans idéal ? Iras-tu opposer tes reflets de Nahash aux pensées infiniment plus claires et nobles de l'être qui s'abstrait. Je t'ai livré l'homme médiocre comme instrument de ton destin ; si ton destin est fait, tu voudras, généreuse, aimer un intellectuel. Pour lui, ton amour vaut moins que pour l'homme déjà vu, il te faut quitter le rôle d'absurde en face d'un être pensant.

Tu étais aimée tout à l'heure et tu régnais ; tu aimes maintenant, obéis. *N'entends pas mal ce mot* : obéir, pour toi, signifie renoncer à la faculté *d'embêtement*, et non recevoir des ordres. L'esclave oblige son maître à bien des choses et l'homme supérieur n'acceptera pas ton servage.

L'amour n'est ni tragique, ni comique, doux et grave : véritable, on le reconnaît à ce signe que les amants ne se font point de mal. Ne pas se faire de mal quand on s'aime, voilà la plus rare des perfections : mais extrême, tu n'as de joie que dans l'excessivité : dévoue-toi et ne crois pas que tu donnes Golconde en te donnant. Les voluptés de ton lit auprès de celles des veilles méditatives et tes spasmes à côté des grandes émotions d'art t'amoindrissent ; ton baiser doux et emparadisant ne vaudra jamais le rayonnement du Graal à Bayreuth.

Sache-le, l'homme s'augmente de tout ce qu'il donne à l'enthousiasme l'ôtant à l'amour ; tu ne seras donc jamais complètement aimée par un grand esprit, mais tu auras plus de bonheur si tu sais prendre ce qu'il donne.

Ton instinct de propriétaire se dressera toujours comme le suprême désir de ton âme : tu ne jouis que si tu possèdes ; il te faut la sécurité pour la joie, voilà pourquoi je te livre l'homme ordinaire, tu le peux posséder sans méfaire.

Quant à l'être d'exception, il y a un seul cas où tu peux te l'approprier : quand tu le sauves ; et tu ne peux sauver ni par ta beauté, ni par ton âme, mais par l'emploi de l'or. Si tu es pauvre, tu peux certes devenir fée, mais il te faut devenir riche.

Il n'y a pas de fée sans baguette : il n'y a pas d'amour sans luxe. On se figure aisément Spinoza polissant ses verres : il est encore Spinoza ; mais la femme, n'existant pas comme personne, ne s'individualise que par un charme ou une vertu.

Aucune n'a su, sur un rouleau de parchemin, se faire immortelle : il a fallu qu'elle naquît belle ou reine, ou qu'elle devînt aimée.

Ainsi, soumets le nombre à ta loi et réserve à quelques-uns un traitement spécial où tu seras dans la mesure même de ta propre joie, la *sœur d'amour*.

Les deux castes amoureuses, l'une faite pour t'aimer et accomplir ton destin, l'autre pour que tu l'aimes et accomplisses l'amour, ne les confonds jamais. Vois à qui tu peux commander, vois à qui tu dois obéir ; vois quel destin tu cherches : être aimée ou aimer. La Vénus Glycymeilichos, la diseuse de douces paroles, ne veux *pas ternir* de larmes le bel amour : sache, selon le mythe, choisir pour amis des Argonautes et des Iolas, qui t'aideront à vaincre l'hydre des laideurs, le Fainer moral.

CONCORDANCE CATHOLIQUE

ARCANE NOVENAIRE

Les philosophes laïques, ces prêtres ergoteurs, ont, dans ce jeu puéril de mettre un nouveau nom à une vieille idée pour la séculariser, appelé altruisme la divine charité.

Or, charité ou altruisme a plusieurs aspects : donner du pain, donner du cœur ; différente en ce domaine de l'affectivité sexuelle, comment la beauté et cette âme de la beauté, qu'on peut toujours cultiver, la grâce, ne serait-elle pas susceptible de charité ?

L'ordre sentimental ne comporte-t-il pas une bonté particulière, parfois d'un effet très apaisant sur le prochain ?

Enfin l'entreprise d'introduire le désintéressement et la miséricorde dans le heurt sexuel ne paraît-elle pas contredire la notion religieuse ?

Cette application du principe chrétien à la vie passionnelle étonnera d'abord, comme étonne tout raisonnement sur le plan érotique. A la réflexion, les bons esprits sentiront le beau profit qui doit naître d'une doctrine lucide, qui ôte une part des prétextes de désordre sentimental et sème d'obligations un terrain jusqu'ici abandonné comme maudit et incultivable.

III

LE RAPPORT OU DE LA DESTINÉE

Onomie vénusiaque: Ambologera.
Héraclisme: La Biche Cérynitide.
Heure: Eunomie Mussa.
Sybille: La Delphique.
Signe: Les Gémeaux.
Arcane: Le Dénaire.

La féerie opère la sublimation de la femme sur le plan vocatif de sa destinée; il y a les œuvres d'Esther et les œuvres de Béatrice qui dissemblent entre elles : ensorceler sexuellement un monarque et inspirer un poète sont deux destins, et qui excellerait à l'un manquerait à l'autre.

La carmélite, la sœur grise, et, par-dessus toutes, la mère, n'ont rien à entendre ici; elles jouent des rôles sacrés et je n'enseigne que le meilleur personnage profane.

A. LXXV. Le bonheur est la conformité complète entre un destin et un tempérament : et jouir se définirait choisir sa souffrance.

A. LXXVI. La chance, qui est le bonheur dans l'événement, ré-
sulte de l'appropriation gratuite des circonstances à
soi-même, et l'habileté réside, à défaut de chance, à
approprier sa personnalité aux circonstances.

Cette appropriation a quatre termes : instinctivité, sentimentalité, inconscience divinatrice qui tient lieu à la femme d'entendement, adhésion au plan divin.

La liberté est cet état où le moins de devoir s'unit au plus de
droit possible. N'est-ce pas la richesse ?

La première question du devenir sera donc :

Es-tu riche ? Dès lors tu peux rayonner comme Goula et aimer
comme Istar : tu dois épouser de préférence un homme supérieur.

Es-tu pauvre toi-même ? Dès lors, séduis un homme riche, si
tu veux devenir fée.

Tu protestes sans doute, en toi-même, contre ce commandement : tu oublies que si tu m'écoutes, tu as déjà renié les trois destins augustes : carmélite, sœur grise et mère, tu ne peux alors être
que femme du monde ou femme d'amour.

En enseignant comme on devient mage, semblablement j'ai
écarté le moine, le prêtre et le père : je n'oublie pas que l'homme
est né pour la famille et je ne me suis adressé qu'à cinq cents personnes dans l'humanité : je ne crois pas qu'il y en ait autant qui
me comprendront, ni cent qui pratiqueront mon ascèse : mais le
devoir d'une voix n'est pas d'être écoutée, seulement de parler, et
je le fais.

Beauté morale et beauté physique, l'une rectrice de l'autre :
bonté morale, bonté physique celle-ci succédant à celle-là : et cette
double beauté et cette double bonté au service de la charité et de
l'idéal ; voilà la formule.

La richesse abêtit, même les femmes. Un Guimet est plus rare qu'un artiste. Ce qui crie contre les Rotschilds, c'est leur barbarie : reconstructeurs de Jérusalem, ils seraient admirables.

Des dévots payent le voyage d'un pèlerin pauvre à Jérusalem : un Hirsch ou autre buse enverra-t-il à sa place un artiste pauvre à Bayreuth ? Et la veuve de Wagner, qui devrait pourtant concevoir l'art d'une façon religieuse, n'a pas une place gratuite à donner aux frères d'art de ce Wagner qui eut faim jusqu'à cinquante ans et qui vendit son chien pour aller à l'Opéra.

La fortune, l'art et l'amour, ces trois phénomènes supérieurs à de la civilisation, étroitement liés, dépendent les uns des autres, il n'y a pas d'amour sans fortune, ni d'amour sans art : voilà pourquoi ce livre s'adresse aux riches ou aux aventurières dans le sens abstrait de ce mot.

L'art ne sert à la femme que de paravent à des mœurs régulières ; quand elle poursuit la gloire, sa réputation est d'abord perdue. On ne me citerait pas une seule femme artiste qui soit riche et aimée : du reste, toute femme qui met la main à n'importe quelle pâte, avoue son imperfection de nature : normalement, elle doit suggestionner à l'homme son désir et le lui faire réaliser.

Quant aux citoyennes, aux politiqueuses, ce sont des sottes, déclassées et incapables mêmes de prostitution.

Cependant, s'il s'en rencontrait quelqu'une qui valût l'exhortation, je lui dirais : Tu veux voter, sotte ? N'as-tu pas plus tôt fait d'agir sur le député même ; tu voudrais juger, quand tu peux si aisément séduire le juge. Le petit pied de la Pompadour a plus pesé sur la politique, que jamais une dame Rolland. Celle-ci est le type de la déclassée : elle a décrit une phrase immortelle : « Je suis restée vertueuse par volupté. »

Le seul art où la femme passe l'homme aisément, c'est le théâtre; elle naît douée, mime et déclamatrice. Ses facultés géniales ici sont évidentes; et si les Sarah Bernhardt ne pullulent pas, la faute en est aux auteurs, qui ignorent comment on fomente la féminité en cette matière. On n'a jamais que des actrices semblables aux œuvres et Sarah Bernhardt correspond exactement à Sardou; ce que je dis de la diction doit s'entendre du chant, et même de tous les arts d'interprétation.

Il y a des inspirations de Mozart, de Schumann, de Chopin, que la femme peut rendre incomparablement sur la partie mâle du public; en vertu de cet arcane.

A. LXXVII.   La musique, agissant électriquement sur la périphérie nerveuse de l'auditeur, se colore suivant la personnalité de l'exécutant et partant selon sa sexualité: même invisible, une femme agira davantage sur des hommes, un homme sur des femmes.

Le piano est le seul instrument propre à une femme, inutile d'y insister. Dans *Comment on devient Mage*, on lit que la femme peut créer en musique, je demande pardon de cette bêtise, que j'avoue et que je prie d'oublier. N'ayant étudié cet art qu'après tous les autres, ne connaissant la neuvième symphonie que depuis un an, malgré mon séjour à Bayreuth, je peux avouer cette erreur et ne la renouvellerai pas.

La destinée de la femme hors de la famille l'absorbant toute, du cloître et du sororat de charité, revêt sept caractères.

La Dame, Goula, Béatrice, Laure, Diotime, Vittoria Colonna.

L'Actrice, Nannah: Récamier, Melle Bazin.

La Grande dame, Zarpanit : Sévigné, Marie de Médicis, Agnès Sorel.

L'Amoureuse, Istar : Marie Stuart, Thomassine.

La Maîtresse femme, Tasmit : Pompadour, Diane de Poitiers.

La Virago, Laz : La chevalière d'Eon, Camille Maupin.

La Catherine, Bélit : Élisabeth, Maintenon.

La Dame, qui passe dans la vie à l'état d'allégorie, éblouissant comme Béatrice Portinari a ébloui Dante encore enfant : c'est la fée des jeunes esprits, la Muse, elle devrait paraître à la puberté des poètes, aider les vocations, et influer dans un sens d'élévation même sur les mœurs du génie.

L'Actrice incarne momentanément un beau personnage au théâtre.

La Grande Dame, américaine, fille de concierge ou de rois, indifféremment riche, use proprement de sa fortune et de son influence : ce qui n'arrive plus depuis un siècle.

L'Amoureuse, sans action sociale, ne s'intéresse qu'à son amant et n'apporte à la civilisation que de la neutralité élégante.

La Maîtresse Femme combine, agit et réalise en place de son époux, ou de concert avec lui en petite matière, commerce ou industrie.

La Virago, douée de force physique et de besoins d'activité corporelle, ne convient qu'aux vies précaires et aux pays lointains.

La Saturnienne, misanthrope ou bien séduite par une idée, se remarque à sa constance inébranlable.

Il y a sept verbes du vouloir féminin : inspirer, fomenter, aimer, commercialiser, agir, masculiniser et se fanatiser.

Goula, réflexe de lumière, féconde.

Nannah, réflexe de pénombre, émeut.

Zarpanit, réflexe d'ordre social, ordonne.

Istar, réflexe de volupté, séduit.

Tasmit, réflexe de protéisme pratique, œuvre masculinement.

Laz, réflexe d'agression, attaque.

Bélit, réflexe de concentration, sentimentalise en formes abstraites.

Voici le parallélisme planétaire, au sens de la destinée et de l'amour à inspirer.

Goula séduit tout le monde, sauf Adar, et ne déteste que Nergal.

Nannah séduit Mérodack et Istar et déteste Nergal.

Zarpanit déteste Adar et Nebo et Nergal séduit tout autre.

Istar, seule à aimer Nergal, séduit les autres.

Tasmit s'accommode avec tous, sauf avec Adar et Samas.

Laz ne correspond qu'à Nergal.

Bélit s'unit à Mérodack et abomine Nergal.

Voilà le parallélisme d'amour, non plus selon l'intérêt, mais d'après la parèdre esthétique.

Goula fixe Sin, le poète.

Nannah fixe Mérodack, l'homme d'État.

Zarpanit fixe Samas, l'artiste.

Istar fixe Nergal, l'actif.

Tasmit fixe Adar, l'idéologue.

Laz fixe Istar, l'amoureux.

Bélit fixe Nébo, le réalisateur.

Es-tu Goula, sois Égérie; es-tu Nannah, fais-toi dire ce mot d'un lord à une impure du siècle dernier « Ne regardez pas tant la lune, je ne pourrais vous la donner; » es-tu Zarpanit, épouse toujours un fonctionnaire; es-tu Istar, donne dans l'armée; es-tu Tasmit, épouse un diplomate ou un commerçant; es-tu Laz, un voyageur; es-tu Bélit, un Mercure. Mais que tu sois la rayonnante, l'absorbante, la rectrice, l'amoureuse, la virago, l'habile ou la taciturne, observe la démarcation des hommes en intellectuels et animiques, en seigneurs et manants ; tes malheurs comme tes crimes naissent tous d'avoir confondu l'homme-moyen et l'homme-but ; le mari et l'amant. L'honnêteté t'expose à t'aveugler volontairement ; aimer un être et vouloir en être aimé diffèrent.

Aimer, c'est s'abdiquer, non pas, comme tu l'entends d'ordinaire, en simagrées et comédies, mais en renonçant à vouloir en face d'un destin. Être aimé est une entreprise d'argent, de vanité, ou de plaisir, toujours d'oppression.

Celle qui se venge, blesse ou tue ne mérite pas le nom d'amante : il faut l'incohérence des lois mêlée à la décomposition des mœurs, pour que des juges absolvent sur cette parole : « Je l'ai tué, parce que je l'aimais. »

A.LXXVIII. Tout crime est une inconscience, puisqu'il dévie à la norme et assume une fatalité terrible sur le coupable : et tout coupable relève de l'échafaud : la passion étant non pas une circonstance, mais l'essence même du crime.

Le malheur féminin serait donc de ne pouvoir unifier son cœur et son destin : là réside toujours sa grandeur, c'est-à-dire la souffrance.

J'ai trop analysé l'adultère mental[15] pour en vouloir diminuer ici la gravité ; psychologue, j'estime que pour beaucoup la sagesse serait d'être aimé par un utile, l'époux, l'homme-moyen, et d'aimer l'autre, l'homme-but, l'agréable. Il va sans dire que j'écarte l'adultère, comme nuisible à l'aimé. Je n'accorde à cet amour que les seules

---

15   *Le Vice suprême* : un mardi casuistique.

manifestations de l'amitié. Songe, avant de te scandaliser, ma sœur, aux vraies formules du problème.

Les riches sont bêtes ; et il faut que tu sois riche, sinon sainte ; en ce cas mon livre n'est pas digne de tes yeux.

Les intelligents sont pauvres ; et il faut que tu sois comprise, sinon tu ne peux t'accomplir.

Ton premier mouvement sera de préférer l'intelligence et tu crois cela généreux : de peser de tout ton destin sur un autre destin déjà chancelant.

Je conseille à l'homme de mettre son idéal au-dessus du sexe ; ainsi développe-toi si tu le peux, soit en vertu, soit en prestige, mais que la grâce te suive en tes efforts : ne cherche pas à te désexualiser, et satisfais toutes tes ambitions par la voie binaire.

Alcide, pour apporter vivante à Eurysthée, la Biche Cérynitide, ne se servit d'aucun artifice, il l'atteignit à la course, malgré sa rapidité, ainsi résouds tes desseins par la passionnalité normale, afin d'être cette Ambologera qui se rajeunit par le prestige identique à sa nature.

L'Église offre le salut à tous ; l'esthétique convie également tous les êtres à un office de beauté : mais cette égalité des âmes que le prêtre semble admettre, le mage la nie. Dans un opéra, tout concourt à la célébration de l'œuvre, jusqu'à la figuration, jusqu'au zèle du garçon d'accessoire : l'idéalisation ainsi emploie toute activité. Seulement chacun, dans la vie, tend à se méprendre sur lui-même et s'attribue des facultés autres que les siennes. On se trompe sur son espèce, plus encore que sur sa valeur : aussi je multiplie les points de repère au discernement des sept vocations sexuelles.

En t'interrogeant, ma sœur, tu découvriras ce que chaque catégorie représente relativement à toi, et cela t'épargnera la faute, source de toutes les autres : l'erreur sur toi-même, qui te rendrait malheureuse comme néfaste.

CONCORDANCE CATHOLIQUE

ARCANE DU DÉNAIRE

On n'a jamais enseigné à la femme qu'une perfection passive et de vie familiale. Fille, épouse, mère, l'Église la conduit en des voies sûres, par des maximes précises : quant à sa vie publique, c'est-à-dire mondaine, l'abbé Boileau a disserté sur l'abus des nudités de gorge, comme si l'usage et l'abus en impudeur comportaient d'autres limites que le goût.

Sans guide pour l'existence extérieure, la femme oscille entre le monde qui la veut amusante et la religion qui lui impose des lois contradictoires à la formule sociale.

La féerie, en lui donnant des règles sur ces points où son instinct seul la conduit, la rend plus consciente et diminue sa peccation.

Intéressant la femme à l'évolution de l'idéalité, lui attribuant un grand rôle dans l'économie catholique d'une époque, je pense créer un devoir en cette matière qui passe pour la négation du devoir ; je la prends quand l'Église la quitte, au sortir du péché, et dans la part du diable je trouve encore quelque chose pour Dieu et je le sauve.

IV

LA MATÉRIALITÉ OU DE L'EFFORT

Onomie vénusiaque : Eléemon.
Héraclisme : Le Sanglier.
Heure : Phérusa Gymnasia.
Sibylle : La Cumane.
Signe : L'Écrevisse.
Arcane : L'Unodénaire.

Ceux qui ont écrit sur la femme la déclarent en principe l'égale de l'homme et en fait l'assujettissent, fille à obéir à ses parents, femme, à son époux ; la famille chrétienne fait suite au gynécée antique.

La femme, *née homme* et destinée à le redevenir, s'égale au mâle, comme point de départ et comme point d'arrivée.

Mais de même que les parties d'un tout, inférieures les unes et les autres, s'élèvent en dignité en se groupant, là aussi l'intérêt des deux sexes est de se compléter l'un par l'autre, de combiner leurs efforts pour restituer le phénomène qui fut primitif et qui sera définitif.

Or ce phénomène consiste un en échange où la femme reflète séductivement les conceptions de l'homme et les lui rend tangibles.

A. LXXIX.   La femme est destinée à matérialiser l'idéal de l'homme ; à lui offrir par son âme et son corps l'incarnation de son rêve.

A. LXXX.   La femme n'étant pas une personne, c'est-à-dire un être conscient, se modifie dans le sens de son attraction si elle aime : elle réfléchit celui dont elle veut être aimée, car chacun n'est jamais séduit que par son propre reflet.

Ceci est un secret : l'homme que tu frappes de désir cherchera sa conformation dans le sens où tu as éveillé sa sensibilité, et ce sens le force à te rendre le trouble que tu as émis, sous peine de souffrance.

A. LXXXI. L'attraction sexuelle est un phénomène où la fluidité féminine attaque l'équilibre masculin, qui ne peut se rétablir qu'en rendant à la femme l'émoi qu'elle a causé.

On va m'objecter que, dans beaucoup de rencontres, la femme ne songe pas à attaquer l'homme nerveusement, et que l'imagination même s'ébranle d'elle-même ; ce serait étendre à beaucoup trop d'individus la faculté imaginative. La femme agit comme espèce, comme force, devant que son âme soit avertie ; la grâce, la coquetterie, le soin de soi sont les conditions perpétuelles de la production du phénomène érotique.

Il est normal que la vue et la présence de la femme donnent lieu à la fois à une dilatation physique et à une cristallisation sentimentale ; le contraire s'appellerait antiphysique.

Je vais établir ce que la volonté tirera de cette fatalité, selon la méthode féerique, qui ne contrarie jamais la norme, l'orientant seulement selon l'idéalité.

A. LXXXII. *La femme peut rayonner sa sexualité sur chacun des trois éléments humains, c'est-à-dire activer la cérébralité, opérer sur l'âme de la douleur attrayante et créer physiquement la congestion voluptueuse.*

Rayonner sur l'esprit, c'est l'œuvre de Béatrice ; sur l'âme, c'est l'œuvre d'Héloïse ; sur les sens, c'est l'œuvre d'Esther.

Par conséquent sur le commun des mortels, sur les hommes d'utilité, les médiocres, attaque l'âme, leur plus haut élément.

Sur l'exception, ne vise que le cerveau et les sens.

A. LXXXIII. *L'homme actif au cérébral est passif au sentimental, il engendre des idées et reçoit des sentiments qui à leur tour s'idéalisent.*

A. LXXXIV. *La femme nulle au cérébral est active au sentimental, elle génère des sentiments et reçoit les idées de l'homme qui en elle se sentimentalisent.*

Eve est née littéralement de la volonté d'Adam qui manquait d'un réflexe tantôt présentant ses idées sentimentalisées, tantôt, comme dans la faute, lui offrant des sentiments à idéaliser.

Donc, ma sœur, par la surabondance de ton Ruach, non seulement tu réalises les idées de l'homme, tu lui présentes encore des concerts sentimentalisés.

Je répète les mots et la pensée, afin de t'émouvoir d'un noble orgueil, à l'idée que tu es l'actif, le positif, le mâle, au point de vue du sentimental.

C'est pourquoi je t'ai donné l'empire sur tous ceux qui, à ton instar, par indéveloppement, sont nuls au cérébral, car sur le plan animique, ô femme, tu es l'homme.

Oui, c'est toi qui provoques, qui caresses, qui violes et qui possèdes l'âme de l'homme animique, qui se trouble, tremble, se défend, et enfin s'ouvre toute grande à ta virtualité triomphante.

Ce qui t'a trompé jusqu'à ce jour, c'est le phénomène physique : tandis que le mâle te soumet charnellement et poursuit la satisfaction de son instinct, tu le soumets sentimentalement.

De là un malentendu : le désir de l'homme commence d'abord physique, le tien d'abord sentimental.

Tu passes, dans un vernissage, dans un bal, au foyer d'un théâtre ; tu n'as senti personne ; et cependant plusieurs ont été attaqués et blessés de désir par ton charme ; ils ont subi, passifs, l'action de ta grâce.

Le désir, en toi, naît de la propriété, il ne s'éveille que tard et il s'appelle posséder.

Or la séduction ne procède pas uniquement de la sexualité ; avec elle seule on ne garderait pas.

Le cerveau réagira toujours suffisamment, tant que les sens détendront l'individu ; mais animiquement ton attaque serait funeste aux penseurs.

A. LXXXV.   *Ton rôle animique est d'être bourrèle de tous les incapables de souffrance morale volontaire et qui sans toi ne souffriraient que dans leur corps.*
Car tu es la poésie des gens d'affaires et le point aboutissant de la fortune et du luxe.

A. LXXXVI.   *Fais deux parts de ta vie, et conçois deux modes d'action de ta grâce, l'une dévouée et l'autre exigeante et combative ; car il est aussi vrai que tu dois obéir à l'intellectuel qu'il est vrai que tu commandes à l'animique.*

Par le premier, tu acquiers l'élément idéal qui te manque, par le second, l'élément décoratif qu'il te faut ; le grand œuvre de la femme s'opère sous la double influence de la spiritualité et de l'or. Vainement tu voudrais parvenir à la féerie sans ces deux choses, ou seulement avec l'une.

Tu ne peux éluder la nécessité de beauté et la part qui s'acquiert dans l'abondance d'une paresse matérielle, ni l'autre nécessité d'idéalité qui dépend de l'influence supérieure mâle.

L'homme pauvre et laid peut être grand par la pensée ; la pensée à toi n'a que la forme plastique et riche.

N'oublie jamais, au long de ce discours, que j'enseigne le rôle de la haute civilisation, que la féerie est une chose analogue à l'esthétique ; tu es la matière de l'œuvre d'art, il te faut le polissage de l'or, il te faut la flamme de l'idéalité.

L'Église enseigne à devenir sainte, à devenir mère ; je ne pédagogise que la féerie, je m'adresse aux êtres incapables de grandes vertus, et je les oriente vers la beauté.

Quoique mon ascèse ne t'impose aucune modification de tes instincts, ne crois pas suivre sans effort la voie que j'ouvre ici.

Parallèlement à chaque droit octroyé se dresse un devoir, et ne te flatte pas de jouir de l'un en éludant l'autre, ce sont choses liées que ta ruse ne démêlera pas.

Si tu essayes l'emprise animique sur l'intellectuel, tu seras punie par la réalisation même de ton vouloir : tu seras mal aimée ; si tu veux au contraire rayonner sur le même, ton pouvoir sensualisé, tu seras victorieuse, mais sitôt méprisée.

Ton art réside avant tout à discerner en quelle clé un homme est écrit sexuellement et à ne jamais te butter contre l'évidence de sa tonalité.

En outre, convaincs-toi qu'il existe une coquetterie morale : il faut prendre le même soin de ton âme que de ta peau.

Ton office ne se borne pas à être le sourire des yeux, sois aussi l'exaltation des âmes.

Incarne le poème, le chef-d'œuvre et le rêve de tous ceux qui ne sont ni poètes, ni artistes, ni rêveurs, et aussi deviens le modèle, la muse et l'apaisement des artistes, des poètes, des rêveurs.

A ceux déjà troublés par des palpitations d'au-delà, la sollicitation animique n'apporterait que du désordre : reflète leurs idées seulement pour te parer.

En te révélant ta mission de bourrèle auprès de l'homme commun, je ne t'ai pas encore dit que toi, qui ne souffres pas spirituellement puisque tu n'as pas de spiritualité propre, tu ne consens à souffrir que sexuellement.

La norme s'accomplit envers toi par les êtres qui te résistent, que tu ne peux absorber. Quels hommes respectes-tu ? sinon ceux qui, possibles pour l'amour, aiment les idées et, même dans tes bras, n'abjureront jamais leur chevalerie. Eh ! même, peux-tu aimer absolument un être tout à toi : tu as bien conscience que tu n'es pas le but de la vie, cela éclate en tes paroles, en ta conduite ; tu ne respectes pas les sentiments que tu inspires, si tu ne les partages, tu les railles ; tu ne crois pas à ta divinité, idole féminine, et tu méprises les prêtres si ta chair ne les désire pas. Désirer, voilà le seul mouvement de l'âme qui permet le perfectionnement ; désirer, c'est s'enivrer de son vide : le plus cruel des supplices, s'il était d'allure lente, mais la vibration est si intense !

A. LXXXVII. Les pôles sensationnels, plaisir et peine, ont un point indivis ; l'extrémité du plaisir devient pénible et l'extrémité de la peine, plaisante, et cela est vrai du corps ; pour l'âme, il n'y a pas de contingences, et ta souffrance ou la joie dépendent de l'état mental.

Il n'y a qu'à lire la *Mystique de Goërres* ou la plus grande des extatiques, sainte Thérèse, pour constater que la catégorisation ordinaire des impressions en bonne et mauvaises ne signifie pas dans l'état de non-passionnalité.

Ce serait une trop grave incidence, celle qui expliquerait l'anesthésie morale par la tension nerveuse passionnelle. Je t'ai donné la règle du complémentarisme, forcé de différencier l'amour et le destin.

Cette antinomie des deux nécessités et de l'attraction génère les plus vives douleurs morales.

A. LXXXVIII. Les attractions sexuelles sont générées par les antithèses morales et les similitudes physiques : au contraire le mariage doit se régler sur des similitudes morales et des dissemblances physiques.

Théologien, je dirais seulement que le devoir seul existe et s'appelle sacrement; mage, je dévoile le mystère de la douleur fatale, et j'indique par quelle collision de principes la norme force l'humain au dam sentimental.

Si ton destin est fait, ne songe plus qu'à ton amour; sinon fais ton destin. Il n'est pas dit que tu n'aimeras pas l'homme utile; tandis que l'homme idéal porte déjà le fardeau de ses idées et se chargera mal de toi.

Au cas où ton attraction et ton destin se rencontrent tout à fait contraires, voici l'accommodation: tu peux être la fée de l'un et l'épouse de l'autre.

Ton devoir d'épouse te défend l'adultère, non pas la charité et la préférence dans la charité; touche de ta baguette d'or le destin d'un cher autrui: on n'est pas fée pour se donner seulement, toutes les amantes seraient fées; tandis que la féerie consiste à agir comme une sœur et non comme femme: de là deux féeries.

A.LXXXIX.   La fée est une sœur qui aide ou sauve, quand elle aime: ou bien une muse qui influe et élève, quand elle est aimée.

Ne crois pas éluder la nécessaire et très fructueuse souffrance, parviens à l'aimer.

Ah! si te haussant jusqu'à la vue sereine du hiérophante, tu percevais le secret que rythment tes baisers, que froissent tes caresses, le lourd secret dont beaucoup sont morts, dont nous avons tous souffert; si, un soir d'amour, il t'était révélé ce que tu fais quand tu aimes, ce que tu donnes et ce que tu reçois en te donnant, et en prenant un être ; si la réalité de ce rêve, la passion, se dressait devant ton esprit, peut être frappée de folie…

Ton beau corps, ma sœur, est la claie où s'étend le corps de l'aimé, tes mains et tes lèvres et tes seins instrumentent la torture : tu crois jouir parce que tu défailles, tu murmures des mots d'extase : illusion ! Tu appliques la question amoureuse et tu la subis : il n'y a cependant ni bourreau, ni victime ; ta sensibilité exaltée, plus forte que la matière qu'elle électrise, inverse la torture en plaisir ; mais aux heures esseulées, aux heures d'éloignement, quand la jalousie, le désir, le regret, la crainte se lèvent, alors tu as reconnu sans doute le terrible Nahash de l'Éden, le leveur du sublime impôt. Rentre en toi-même, ma sœur. Eléémon, sois compatissante et à lui et à toi ; ton bel amour, cet Adonis, n'est qu'une victime pour le sanglier symbolique. Souviens-toi dans les baisers mêmes que tu n'es que la bourrèle du bien-aimé, lui-même ton bourreau, et que c'est la norme de pleurer ou d'amour ou de foi ou d'enthousiasme, et que la passion c'est la douleur esthétique, rien de plus.

CONCORDANCE CATHOLIQUE

ARCANE UNODÉNAIRE

L'Église ne donne pas toujours la raison de ses commandements. Et comment ne pas être frappé de sa tranquille sévérité en face de la passion ? Elle dresse un sacrement contre un instinct, ordonne et passe.

La Magie vient après elle expliquer que la douleur amoureuse étant la seule consentie et purificatrice de la majorité des êtres, le devoir de l'Église l'empêche de transiger sur un point propre à assurer le devenir du chrétien.

« Il faut souffrir, et l'amour est la seule forme de la douleur que l'homme accepte. » Le Père de l'Église qui eût ainsi parlé n'aurait pas été compris, et voilà pourquoi la théologie s'est tue en cette matière comme en bien d'autres.

Venu à un moment de décadence où l'animisme faiblit, on doit raviver les efforts par des révélations partielles du mystère : moyens extrêmes certes, mais rendus légitimes par l'irrémédiable catastrophe occidentale qui se hâte et va tonner.

V

LA FORMALITÉ OU DU SACRIFICE

Onomie vénusiaque : Galénoé.
Héraclisme :   Les Étables.
Heure :   Carpo-Nympheæ.
Sibylle :   L'Erythréenne.
Signe :   Le Lion.
Arcane :   Le Duodénaire.

Jusqu'ici, ma sœur, je t'ai parlé presque en complice, autant pour gagner ta confiance que pour que tu voies que je ne mène pas à une duperie morale : maintenant l'ascèse va se rapprocher de celle de l'homme, j'ai à peu près épuisé les différences ; lorsqu'il s'agit de monter, il n'y a qu'une voie ; celle du renoncement.

Ne crois pas gratuit et esthétique ce commandement religieux de l'abnégation : c'est la forme exaltée d'une loi rigoureuse. Au reste, je fais un perpétuel concordat entre ton intérêt, l'instinct et l'idéal ; j'accommode même la volupté avec la gloire du devenir, afin que tu n'aies aucune raison de repousser l'enseignement féerique.

Instruite de ta vraie nature, et de ce qui t'est loisible et favorable, consciente de tes fatalités propres, de ton planétarisme et des traits de l'homme qui fera ton bonheur ou ton destin, écoute comment on va à la gloire et au ciel.

A. XC.   *Les renonciations doivent être proportionnelles aux volontés.*

Voilà le secret du vouloir que *Louis Lambert* n'a pas dit. Vouloir est un état abstrait de positivité qui ne s'affirme pas seulement par les actes de réalisation, mais aussi par des abnégations appropriées au but.

A. XCI.   *La volonté féerique doit être conforme à la charité.*

Or ceci équivaut à une réforme de l'amour; je n'en demanderai pas la raison aux casuistiques rigoureux, mais à cette Ionie qui passe à tous les yeux pour la naturelle formule morale.

Crois-tu qu'Orphée, en apprenant l'amour aux Thraces, leur dit : « Aimer, c'est annexer un être à soi, le presser comme Bacchus fait d'une grappe, même le dévorer à l'instar de Saturne avalant le Bétyle présenté par Rhée, s'autoriser à tous despotismes, et satisfaire surtout l'instinct possessif. »

Penses-tu que Vénus ait figuré dans l'esprit des premiers prêtres le désordre des mœurs et la folie des sens ?

A. XCII.   *L'amour, en essence inobscurée, serait l'harmonie, la science des accords de sensibilité, — et Vénus un principe de paix, de douceur, de gravité, Galénoé qui calme les flots.*

Ni riante, ni pleurante, la sentimentalité vraie apaise au lieu d'exécuter, et la Vénus Uranie est bienfaisante. On peut réaliser aussi bien la fille que la prêtresse d'amour : envisage, ma sœur, que ton idéal n'a pas d'autre forme que celle d'Éros, tes pas dignes ou indignes se bornent aux parois de son temple ; tu peux salir l'autel ou offrir le sacrifice de ton instinct.

L'amour naquit du désir d'un poète, comme toi-même du désir d'Adam, et le prestige qui t'enveloppe encore t'a été donné par la rêverie des artistes.

En retour de cette royauté des âmes, tu devrais être la fille reconnaissante de l'art. L'idéal, comme un roi Lear abandonné par toi à qui il a donné le sceptre sur l'âme de l'homme, se lamente, esseulé et trahi, tandis que, oublieuse de ta mission, tu poursuis ton obscur intérêt.

A. XCIII.   La réalisation se compose d'un renoncement suivi d'une condensation animique.

Soit : tu veux te réaliser Béatrice, renonce à la possession physique et condense ta sexualité en faculté rayonnante.

Soit aussi : tu veux te réaliser en amante, renonce au rayonnement collectif et condense ta sexualité sur l'être choisi.

Soit encore : tu veux te réaliser en femme du monde, en parfaite Célimène, en Récamier, renonce à la fois au prestige de la Portinari qui ne se continuerait pas dans l'intimité, et à l'amour qui éteindrait en toi le rayon sexuel par la satisfaction même.

Je devine ta pensée : il faut se connaître et avoir une étrange supériorité pour découvrir sa vocation ; sans doute il y a eu toujours peu de fées et peu de mages. Songe que la religion exige une renonciation totale à toutes les pompes du monde, et tu sentiras alors combien cette ascèse est facilitée.

Je t'apporte la plus précieuse chose, une sanction philosophique pour tes instincts ; mais cette sanction reste conditionnelle aux normes ; en te livrant Monsieur tout le monde, je t'interdis de toucher à l'exception ; t'offrant le choix entre les œuvres de Béatrice, d'Aïssé et de Récamier, je te force à opter.

Ce choix lui-même doit se conformer à la charité : rayonne sur les esprits, emplis les âmes, mais ne trouble pas l'âme du spirituel ni t'efforces inutilement sur l'esprit de l'animique. Coupable au premier et dupe au second, tu n'auras que mécompte.

Quelle que soit ta propension, inspire-toi, ma sœur, de ton rôle exquis et conçois la charité dans l'amour ; au lieu de chercher une impression égoïste, officie la beauté et le charme.

Songe, ô fée future, que tu es le vivant Léthé qui apaise les plus entêtés douloirs, que ta vue suffit à adoucir le moment, ta tendresse à le parfumer, par toi la souffrance se métamorphose jusqu'à sembler joie : tu es la panacée et le talisman, l'égide et la Victoire Aptère.

Illimitée en ton pouvoir, comme la musique tu frappes les heures des qualités de ton rayon.

Eh bien ! mets au service de l'idéal cette force, ton charme, et collabore par la bienfaisance de tes regards à l'œuvre de lumière.

A. XCIV.   *Le meilleur parti est toujours le plus noble, c'est-à-dire le plus abstrait ; et la suprême habileté consiste à s'identifier à l'idéal.*

Toutefois l'idéal n'est pas que ce qui se formule au feuilleton des journaux ; et voici la règle sexuelle.

A. XCV.   *L'amour ne comporte aucun droit, mais tout le devoir.*

Sa liberté et sa gratuité seuls le différencient des autres passions : comme il naît sans que la raison préside, il périt sans que la conscience soit atteinte.

Quel est donc le devoir d'amour ?

A. XCVI.   *Prestigier devant le cerveau des intellectuels et empriser l'âme des autres.*

Je ne me lasse pas de le répéter, chez l'être qui pense, l'imagination et les sens t'appartiennent, non pas l'âme que tu occuperais anormalement ; tandis que, au contraire, l'âme du plus grand nombre te revient : tu t'identifies à l'idéal dans la mesure même où tu pondères ton attraction par la bonté. Dès que tu te conduis selon la combativité, tu deviens méchante, et ce livre n'est pas une méthode de lacs et d'appeaux, de chausse-trappes et de pièges pour la facilité de tes entreprises.

On ne te convie jusqu'ici, ma sœur, qu'à l'abdication de ton activité propre, quoique l'Église t'ait donné des autels pour ta sainteté : tu as pour toi l'invincible argument de Marie conçue sans péché.

Il n'y aurait ni magie, ni féerie, si l'humanité ne pratiquait d'autre devoir et d'autre soin que la vertu dans le sens restrictif de la pureté ; il existe une entreprise où le ciel est intéressé et qui diffère de l'enseignement catéchiste.

L'Église se pourrait passer de beaucoup de saints Labres, mais, saint Thomas venant à manquer, quel vide et quel inénarrable désarroi mental. Il y avait, au temps d'Esther, plus d'un juste comme Mardochée et plus d'une juive pieuse. Cependant l'office de Mardochée et d'Esther valut davantage pour le salut d'Israël que les puretés cachées et les timides vertus.

Les saintes, mère de Constantin, femme de Clovis, qui conver-
tirent leurs fils, leur époux au christianisme, méritent une autre
mention que la plus mystique des religieuses.

Ainsi, dans le domaine des mœurs, celle qui influe sur toute
une époque s'élève dans la proportion même où elle répand de la
lumière.

La grâce divine n'a jamais opéré gratuitement, sans que l'effort
humain ne l'appelle; et la piété est cette infatuation qui attend le
miracle dans une somnolence de prières.

*A. XCVII.   La femme est la faculté expansive par excellence, la
femme est la forme même de la persuasion, et dès qu'elle s'emploie au bien elle s'égale presque, propagatrice
au concepteur, écho répercussif à la voix qui a parlé.*

Écho, tel est le mot de ton énigme, tu réponds de la même voix
à toutes les sonorités qui frappent tes nerfs : car tu ne peux pas
rester muette, femme, écho de l'homme.

*A. XCVIII.   La femme a pour fonction supérieure de créer des
prestiges que l'homme réalisera en idées, et recevoir de
lui des idées qu'elle sentimentalisera.*

Tu vis inconsciente, lâche dans le désir, forcée dans le devoir,
sans intensité ni héroïsme : change ta vie contre une existence rationnelle, et puisque tu es née dépendante et subalterne, accomplis
ton destin normal, préférable à celui que tu te fais, aussi contraire
à la beauté qu'au salut.

Comme l'amour est tout ton idéal, sois son chevalier, c'est-à-
dire sers-le mystiquement au lieu de t'en servir.

A. XCIV. Le devoir n'est pénible et lassant que s'il est strict et froid : enthousiaste et exagéré, il intéresse, possède et satisfait à l'égal d'une passion.

Enthousiasme-toi, ma sœur, de ces divers et splendides rôles, Béatrice ou Récamier, que tu peux jouer même dans le mariage ; même mariée, tu peux passer devant la contemplation d'un Dante, même mariée, tu peux accueillir et bercer la mélancolie d'un Châteaubriand. Il y a quelque danger, dira-t-on. Eh ! le danger ne forme-t-il pas l'envers de toute affirmation : n'a-t-on pas assez déraisonné sur le théâtre antichambre de l'enfer, les nudités incitatrices du péché, la poésie corruptrice de l'âme, la danse, un artifice du malin ? Le danger est en tout : l'hérésie est la fille dénaturée de la théologie, et sans sacrement il n'y aurait pas de sacrilège.

Malgré ces protestantailleries, le théâtre semble une église quand Lohengrin, Œdipe, Polyeucte, ou Parsifal y paraissent ; l'art est nu par essence, la poésie la vraie atmosphère de l'âme, la danse un droit de la jeunesse, la toilette un devoir de la femme.

La sensibilité s'émeut étrangement à tous ces rites de la civilisation, et les occasions de péché foisonnent ; mais il faudrait savoir ce qu'il vaut mieux, de l'immobilité de l'âme ou de son affirmation, fût-elle périlleuse ; au reste, un arcane de la sainte magie tranche de lumière ce vieux conflit entre la prétendue antinomie du païen et du chrétien.

A. C.   Le libre arbitre humain épouse la norme ou la repousse, mérite ou démérite sans éviter la fatale victoire de l'ordre providentiel.

Il se fait, abstraitement, une alchimie de nos vouloirs, qui, malgré toutes nos gangues, réalisent le grand œuvre de Dieu, de même que le physicien réduit une mixture, pour compliquée qu'elle soit, à son principe essentiel. Toute matière n'est qu'une concrétion de force et tout sentiment n'est qu'une obscuration de la lumière incréée, l'idéal.

Le salut dépend, ma sœur, non pas de nos amours, — de notre charité ; le monde te permet de haïr en paix, il te défend d'aimer ; le monde obéit à une raison d'état, non pas à une raison d'au-delà.

Même aux desseins les plus médités, il reste un halo de danger, et pour ne risquer rien il faudrait ne pas vouloir. Considère le point le plus élevé de toute chose et aspire à lui : tu souffriras peut-être, tu ne t'aviliras pas.

Crois-tu que moi-même je jurerais ce livre sans danger, bon à toutes, qu'il ne blessera aucune âme ? Non, j'envisage le trouble que sa lecture peut susciter sans hésitation, parce que je suis certain qu'il mène vers la lumière.

Qu'elle soit vive et trop forte, qu'importe ? mieux vaut déchirer violemment la ténèbre que si elle continuait à planer froide et négative sur les âmes.

Eh bien, ma sœur, pèse en ton cœur les beaux desseins, et le plus beau, le plus éblouissant, le plus rare, le rayonnant et chrétien, accomplis-le, c'est le bon, c'est le seul.

CONCORDANCE CATHOLIQUE

ARCANE DUODÉNAIRE

La faiblesse humaine se complaît aux détails, et combien font maigre le vendredi qui aucun jour ne cessent de médire ou de calomnier.

Il y a deux voies de lumière correspondantes aux catégorisations les plus différentes entre elles : l'une formaliste, scrupuleuse, régimentaire, l'autre synthétique et d'allure imprévue.

Il faut choisir des choses qui se nient, et comment ne pas préférer le fécond enthousiasme à la froide régularité ?

Réservant la question du gynécée, la femme, au point de vue civilisé et de la culture, rendra plus de services aux mœurs par une bonté intelligente que par l'observance minutieuse de la dévotion. Que d'importance pour l'humanité à voir se produire des grandes dames, des Béatrices et des Julies d'Angennes ?

La femme qui eût fait trébucher Martin Luther aurait servi l'Église singulièrement, et celle qui eût empêché l'abbé La Mennais de se dégironner ?

La famille s'accomplit par les saintes, et la civilisation par les fées.

Trop longtemps les grâces furent méconnues : qu'elles viennent, émules des vertus, reprendre leur dignité et leur devoir.

VI

LA MORT OU DES RENAISSANCES

Onomie vénusiaque : Biodotis.
Héraclisme :   Stymphalides.
Heure :   Dicé-Mesembria.
Sibylle :   La Saméenne.
Signe :   L'Écrevisse.
Arcane :   Le Ternodénaire.

Renoncer réalise, mais l'absolu de la renonciation c'est de mourir à un besoin, à un goût, à un instinct, à une passionnalité.

L'âme humaine semble un théâtre où dramatisent les vertus et les vices, les forces et les faiblesses ; la féerie a pour prologue un examen de tous ces personnages-facultés, qui conclut au rejet de beaucoup pour donner toute la vie pathétique à quelques-unes.

L'homme lui-même ne peut se cultiver en tous sens : il faut qu'il spécialise et son esprit et son cœur ; spécialise donc ta sexualité.

Reproduis à ta façon la scène des coffrets de Shakespeare ; mais, pour te guider dans ton choix, écoute cette page, une des plus importantes du mystère.

J'ai enseigné, dans *Comment on devient Mage*[16], *qu'il y a trois morts*:

La mort de volonté, qui, par le mysticisme ou l'enthousiasme, relâche les liens charnels; où la spiritualisation de la sensibilité aboutit à la sainteté ou à la féerie.

La mort physique, celle que tu crains parce qu'elle passe sans cesse près de toi, menaçante aux tiens.

Enfin la mort animique, qui termine la période dénommée purgatoire et qui nous ouvre l'état dit paradisiaque.

Si tu te souviens des termes que Mosché attribue à Ioah-Elohim, dans la Bible, tu t'apercevras que le problème sexuel, si difficile à résoudre dans la vie terrestre, se pose encore au delà de la mort et barre de sa présence inéluctable le seuil de l'éternité heureuse.

Ton esprit s'embarrassera sans cesse dans ces relativités et ces rapports que tu as voulu connaître, jusqu'au jour où tu reviendras androgyne par la réunion à ton passif réflexe Aïscha; car ayant été dualisé tu dois par ton effort revenir à ton unité.

Ne t'imagine pas qu'il s'agisse d'une fusion organique; au moment où le Verbe divin prononce ce verset, Adam et Eve n'ont pas d'organes, puisque le verset 21 dit formellement:

A. CI.   *Ensuite, Ioah–Elohim réalisa en corps organique la corporéité substantielle d'Adam et de Héva.*

---

16   *Comment on devient Mage*, 198.

Cette vie se passe à chercher littéralement sa moitié à travers les hallucinations du corps : la vie seconde ou animique se passera aussi, pour la femme, à rechercher son positif cérébral.

Or, dans cette stase, les âmes se pénétreront avec une grande acuité ; l'homme voudra la beauté de l'âme, comme ici-bas il quête la beauté du corps. Celles qui sortent de la vie terrestre avec de beaux et doux sentiments seront sitôt épousées que mortes, et à la fin de l'épuration ne sera que le travail de s'unifier l'un l'autre ; après quoi, lorsque tout ce qui est l'homme et tout ce qui est la femme seront indivisiblement l'androgyne, ils mourront au sexe et à la vie animique pour entrer dans la vie abstraite qui est la fin dernière de joie.

En l'état de purgatoire, on se trompera passionnément sans s'aveugler ; et ce sera la charité auguste plus que le charme qui sera paranymphe.

Essaye donc, après ce que je t'ai révélé, de comprendre ce mystérieux sujet si fréquent parmi les chefs-d'œuvre de la Renaissance, le mariage mystique de sainte Catherine, et dis-toi bien que je ne cherche à faire de toi une fée que parce que tu es incapable de devenir une sainte.

Qui que tu sois, qui me lis, si tu peux épouser Dieu, laisse ce livre ; il ne contredit point à la foi catholique, mais il s'adresse au siècle ; il alchimise les pires éléments pour en tirer la lumière qu'ils contiennent.

La sainteté est le plus court chemin du temps à l'éternité, mais tous ne savent le marcher : la féerie est la plus noble voie laïque et profane.

A défaut de l'amour de Dieu, l'amour du prochain, c'est-à-dire que si ton cœur ne peut battre en hauteur qu'il rayonne du moins.

On appelle jugement particulier — et les Égyptiens le figuraient sous la forme du pèsement des âmes, — la décision divine formulée par les anges, qui déclarent le mort digne ou indigne du devenir.

Or l'Église, par la bouche du Sauveur, n'indique qu'un péché pour lequel on ne peut pas prier, le péché contre le Saint-Esprit ; les six variantes qu'en donne le catéchisme se résument, dans le contemnement de la norme. Il faut suivre la vie terrestre en préparation de la vie animique et purgative, et ce ne sont pas nos faiblesses, mais le Verbe même de notre vie qui alors nous perdra ou nous sauvera.

Je t'avertis du danger des émulations sur les voies de l'homme, car les usurpations sexuelles compromettraient ton salut et rempliraient de douleur et de péril ton purgatoire.

Crois-tu qu'au lendemain de la mort, tes aquarelles, tes feuilletons, tes reportages et quelques terres glaises t'auront préparé à ton devenir : tu seras dans le purgatoire, comme tu fus en ce monde, une déclassée : et ici le déclassement est irrémédiable.

Ton devenir s'écrit dans ton sexe : si tu le fausses, tu blasphèmes l'Esprit-Saint et tu te perds. Tu seras jugée comme femme, et plutôt pardonnée courtisane que gynandre.

En cet état du lendemain de la mort, les attractions seront seulement animiques ; et là, le salut c'est le mariage, et seront les belles et les recherchées celles qui se présenteront en purs réflexes.

Par toi-même, tu sens le monde spirituel, tu ne le conçois pas. Or l'idée seule sortira du Purgatoire pour devenir un bienheureux : donc le salut de la femme reste conditionnel à l'amour d'un esprit qui épouse son âme.

Tu accomplis ton devenir en reflétant l'esprit mâle ou en réalisant le devoir.

Tu auras pour éternel compagnon quelqu'un de semblable à ceux que tu as aimés en ce monde. Comprends-tu pourquoi, au risque de paraître te donner un conseil immoral, je t'ai indiqué que tu peux aimer un autre homme que celui qui fait ton destin: tu peux aimer, dis-je, comme tu peux rêver, sans réaliser ton amour en passion.

Il semble que je conspire contre l'homme ordinaire et ne prêche que pour la caste dont je suis; réfléchis que la pire aventure, c'est de subir un destin disproportionné avec soi-même.

Combien de femmes se soucient de l'immortalité à cette heure? Qui donc, parmi celles qui font tant de bassesses pour remplir les échos du journalisme de notes sur leur réception et leurs robes, qui donc rêve de se survivre et d'être élégante, belle dans tous les siècles? Parmi les hommes, Rotschild pourrait reconstruire Ierouchalaim. Crois-tu qu'il y songe? Connais-tu quelque riche qui, parmi ses désirs, ait jamais eu la pensée de la postérité? Cependant la gloire est un joyau rare que les plus grands parmi les hommes ont acquis en renonçant à toute autre chose. Ne sois pas dupe de l'atmosphère même de ce livre, de l'état d'âme où il t'élève.

Si quelque homme du commun, banquier ou industriel, aspire à l'idéalité, il n'est pas du commun, car ce sont nos aspirations qui nous classent.

A. CII.   Il y a trois castes, la beauté, la bonté, et l'intelligence;
leur réunion forme l'être aristique et parfait.

Quant à la naissance, elle ne signifie rien, et le comte de Chambord l'a bien montré.

C'est la mère qui fait les garçons et le père les filles, et si Siegfried Wagner, un charmant garçon, n'est pas plus, la faute en est à Madame Cosima, quoique les filles de Listz aient été toutes étranges.

Hériter d'une dalmatique et la porter comme une blouse, tel est le cas des nobles ; au reste, il faut être juste envers ces gens-là. Qu'étaient-ils ? Des officiers, des veneurs, des courtisans et des aventuriers éclatants : il n'y a donc aucun bon sens à leur demander de l'intelligence ou de la grandeur d'âme.

Le génie demeure l'espèce qui ne se reproduit pas : c'est donc la mort probable de chacun qu'il faut envisager pour prendre sa mesure, et non pas sa naissance : les Chinois sont dans le vrai, qui anoblissent les ancêtres du méritant.

On admire les saints, on ne les envie pas assez. Pour être persuadé des enseignements de l'Église, la voie de sainteté s'appelle la voie du véritable intérêt et de la raison.

La vie organique a une moyenne de trente-quatre ans ; le centenaire se cite en rareté : vraiment, ce peu de temps ne mérite pas qu'on prenne au sérieux le séjour organique, et les plus habiles d'entre les hommes sont ceux qui, devançant la mort, meurent volontairement aux contingences.

Ils arrivent à l'état du Purgatoire presque purs et leur entrée dans la lumière ne tarde point.

Toutefois, cette complète vocation du mystique ne fleurit pas dans tous les cœurs, et je dois indiquer un point de culture divine dans la personnalité mondaine. Eh bien ! je reproduirai l'idée déjà formulée de charité sous sa forme de grâce et de beauté bienfaisante.

A. CIII.   *La femme qui sera belle pour être belle, qui militera de tout son charme pour les idées les plus nobles, qui servira selon sa sexualité, cette partie des intérêts providentiels dépendant des mœurs, en adhérant en cette sorte au plan divin, assure son devenir.*

A. CIV.   *La fée est celle qui meurt à l'égoïsme, à la combati-*
           vité sexuelle, pour naître à l'expansion abstraite de la
           bonté par la beauté.

A ce point, que tu atteindras momentanément, sans t'y maintenir, tu serais presque l'égale du mage, dépassant ce que la légende
attribue aux fées « Mais », diras-tu, « je me déciderais peut-être à
cet effort, si je devais en recevoir une puissance féerique. »

A. CV.   *La beauté agit dans la proportion où elle s'impersson-*
           nalise : le charme s'augmente du motif qui le meut ; la
           sexualité s'auréole de tout le désintéressement passion-
           nel ; et quand on se providentialise, on se fatalise en
           son action.

Quand Madame Roland a dit son mot fameux, elle aurait pu
le varier : « Je suis restée vertueuse par coquetterie » ; ce que les
femmes du XVIIe siècle appelaient si bellement leur gloire signifie
leur faculté féerique.

A. CVI.   *La séduction d'une femme est en raison directe de sa*
           continence.

Tout psychologue a observé que de la femme insatisfaite éma-
ne un charme qui cesse et disparaît quand elle vient à se satisfaire.
Ici on arguera que les actrices et les filles les moins continentes du
sexe séduisent incomparablement. En voici la raison.

A. CVII.   *L'aimantation sexuelle résulte d'une succession, d'un*
           accumulat de désirs, déterminés par les mouvements

d'imagination dont une femme en scène est l'objet;
mais ils sont toujours de la même qualité que la fem-
me. Tandis que la femme honnête s'aimante par sa
résistance même d'une sexualité plus subtile et qu'elle
affecte l'âme en dégageant de l'amour au lieu de dé-
sir.

Par conséquent, la suprême coquetterie serait impeccable : plus
encore, bienfaisante.

A. CVIII.   La femme ne donne sa mesure que par ce qu'elle ins-
pire, et c'est toujours inférieur d'inspirer des violences
et du désordre. Celle qui laisse la plus apaisante im-
pression, en la quittant, est la plus digne.
Ce que je voudrais voir mourir en toi, ma sœur, c'est la mauvai-
seté féline : affirme ton charme par un rayonnement de sérénité et
de douceur, éteins la concupiscence au lieu de la susciter. L'amour
qui vient à tes pieds, transforme-le en matière plus subtile, pousse
à Dieu pousse à l'art tes adorateurs. Alors tu grandis, tu n'es plus
la femme, mais la Béatrice, la Muse, la Diotime, point culminant
de la féerie : et ce serait si splendide d'accentuer vers l'au-delà tout
ce qui te saluera du cœur, que je t'admirerais, sur un simple essai.
Sois la Biodotis qui donne à l'âme une vie nouvelle, épouvante les
vulgarités et les laideurs stymphalides du rayonnement de la charité d'amour, que les sagettes symboliques, attributs de ta beauté,
servent à tuer dans les âmes qui s'offrent à toi toutes les hideurs de
la vaine concupiscence et des passions funestes.

CONCORDANCE CATHOLIQUE

ARCANE TERNODÉNAIRE

Il a été dit souvent que le salut accompli dans le monde l'emporte en mérite sur la vie contemplative. Le moine, ce spécialiste de la perfection, se met, comme un artiste qui veut produire, dans les conditions les plus prospères à son œuvre : celui qui maintiendrait sa vertu parmi les mécréantises du siècle serait un incomparable, et saint Louis dépasse saint Labre.

Aussi peut-on affirmer que le divin jugement n'aura pas des lois semblables pour le divin Raphaël et un simple chartreux. Ceux qui, même dans le monde, ont des grâces d'état, les prêtres, rendront un compte plus sévère.

M. Sarcey et le cardinal Richard sont deux médiocres ; mais M. Sarcey, sorti de l'École Normale et vivant dans le journalisme, est bien moins responsable que cet archevêque lamentable qui chaque matin cependant consacre la divine hostie.

Avec une sécurité entière, j'invite, au nom des vieilles doctrines, aux témérités magnifiques du platonisme : le péché y peut surgir, mais si on l'évite, quelle gloire, et le but vaut tous les risques.

VII

LA QUANTITÉ OU DES VARIATIONS

Onomie vénusiaque : Apatouria.
Héraclisme :   Taureau Crétois.
Heure :   Euporia-Spondé.
Signe :   La Balance.
Arcane :   Le Quarto-Dénaire.

Cette démence a pu se perpétuer des troubadours jusqu'aux romans de ce siècle, de magnifier les désordres de la passion et d'absoudre les crimes sous le nom d'amour. Même, l'imbécillité latine, dépassant le vraisemblable, a englobé par cette même appellation les phénomènes les plus contradictoires de la sensibilité.

Il faut un effort pour se libérer de la doctrine de sa race, et, sans érudition, comment ne pas croire au nouveau Dieu, ou Moloch moderne, Herr-Progrès.

Dutens énumère en deux volumes les inventions renouvelées des anciens, et quelques pages suffiraient mal à produire les déformations métaphysiques de nos jours; car, au lieu de restituer les sciences spirituelles et les arts moraux, on les a ou niés ou perdus.

Que mon assertion te tienne lieu de compétence ; il y a la même différence de la connaissance de l'âme possédée par les anciens à celle de l'Académie des sciences morales de Paris, qu'entre notre lumière électrique et la torche de jadis.

Celui qui usera exactement, ce qui est la norme de la morale, de ses modalités de lieu et de race, sera le restaurateur des sciences de l'âme ; sans soulever un tel poids de réflexions et de documents comparés, l'ordre social s'établit sur trois assises : la famille, la religion et la culture ; l'une correspond au Dieu le Père et traite de l'individu dans ses rapports selon le sang : l'autre correspond au Fils et régit les familles dans leurs rapports selon le rang ; la troisième dépend du Saint-Esprit et s'intéresse au rapport de toutes les familles, selon l'idéal. Homme ou femme, l'être humain a donc trois devoirs : familial, religieux et esthétique.

Le premier et le second sont exigés de Dieu : à un petit nombre seulement incombe le devoir idéal ; mais devenir fée c'est se réunir au petit nombre, et greffer sur les obligations de la double piété familiale et catholique un vœu que j'appellerais le vœu de beauté.

Les peines et les plaisirs étourdissent également : riche et pauvre, l'un par inappétence, l'autre par écrasement, n'aboutissent pas à l'état subtil.

Comprendre et obéir exerguent les séries humaines : le fidèle, tel que l'Église en sa sagesse l'a conçu, se sauve par sa soumission à des règles certaines, pour lui inexplicables en leur essence ; le subtil, tel que l'Église en son erreur momentanée l'abandonne à lui-même, opère son salvement par sa recherche des pourquoi et des comment de la vérité.

Entre ceux qui composèrent le catéchisme et les autres, innombrables qui l'apprennent et l'observent, il y a la même différence qu'entre la fée et madame tout le monde.

Voici des arcanes féeriques qui disconviendraient à la majorité féminine, ne parlant de beaux fruits qu'après un vœu sincère d'idéalité :

A. CIX.   *Le bien lui-même, en ce monde de rapport, ne comporte pas d'excès, sinon il cesse ; nous sommes limités aussi exactement dans le sens noble qu'en celui de la prévarication.*

Examine, ma sœur, les tristes effets de l'intolérance dévote, vois quel tort fera toujours à la civilisation la femme qui s'entête à la laideur par l'incompréhension de la véritable humilité : la vertu de Madame de Maintenon a plus nui à l'œuvre de Dieu que les galanteries de vingt favorites, et il faut la Pompadour pour montrer que le vice est aussi néfaste que certaine piété.

A. CX.   *Notre seule faiblesse nous pousse à exagérer une qualité, non pas notre zèle ; car l'exagération se détermine toujours par idiosyncrasie.*

La métriopathie comprend un côté négligé, dans les ascèses, et qui seul en accomplirait la perfection.

Être aimé, voilà une formule souriante, et cependant, si on y ajoute être aimé exagérément, l'être qui a vécu s'effraye comme à l'approche d'Euménides, et plus inquiet qu'à la déclaration d'une haine mortelle. La sollicitude, cette permanence de la tendresse excessive, tournerait au supplice pour qui en est l'objet.

Ainsi, ma sœur, ne te crois pas autorisée, parce que telle chose t'est permise, de la pousser à l'extrême. Ta propension, je le sais, te mène à l'excès en tout point où tu évolues, et je prévois des dangers, au cours de mon écriture d'intention si haute. La tempérance fut toujours la moins idiogyne des vertus.

A. CXI.   On nomme plaisir une accélération d'activité nerveuse, et l'intensité du plaisir en mesure l'indignité bien plus que le mobile.

Ce qui explique que nos mérites ne commencent qu'en dehors de nos attractions est ce cas extraordinaire où nos penchants sont d'idéalité.

A. CXII.   La passion devrait être la réalisatrice d'une idée, non sa génératrice.

Or la femme commence par s'émouvoir, et longtemps après son passionnement elle lui cherche une théorie. Pour elle, le mot reste vrai, rien ne lui vient à l'esprit qui ne lui soit d'abord venu aux nerfs.

Devant les grands desseins, nous paressons, cachant notre lâcheté sous un doute hypocrite de nous-mêmes : nous aurions bien le courage, la constance nécessaire, mais la beauté, le génie, la force nécessaire nous manquent ? Non, l'économie de notre beauté, de notre génie, de notre force, voilà ce qui nous manque.

Comme l'écolier qui tache et salit un cahier entier par maladresse, nous gâchons notre potentialité par des excès auxquels de fatales dépressions succèdent.

Si on veut un tableau extraordinaire des conséquences de l'excessivité sur le plus beau terrain, celui de l'amour de Dieu, la vie des saints nous offre à chaque page d'incroyables tentations que le pire des profanes aura peine à concevoir.

Je n'ignore pas, et je dois révéler peut-être l'explication partielle de ce phénomène : la plus terrible hantise se développant chez les plus saints personnages.

A. CXIII.   Dans l'atmosphère seconde ou astrale naissent, combattent et meuvent des collectifs dynamiques passionnels ; le débat visible entre le juste et le méchant a lieu invisiblement entre la justice et la méchanceté, et ces dynamismes passionnels vont attaquer les êtres qui condensent en eux le plus de forces contradictoires.

Cependant la norme des réactions agit toujours mêmement : et le jeûne et les macérations ne seront jamais des moyens de calmer la fièvre.

Les saints atteignaient le but par la puissance de leur volonté et malgré l'étrangeté de leurs moyens.

Les directoires spirituels envisagent la femme en tertiaire, sans approprier les règles aux conditions de mondanité : même en son bel énoncé, l'adorable écrivain de *l'Introduction à la vie dévote* n'a pas vu que le péché étant inévitable dans le monde ; le salut consiste à la compenser par des services formels et adjuvants à l'œuvre de Dieu.

J'admire certes la nuance casuistique qui déclare loisible une occasion de péché jusqu'au moment où la délectation commencerait ; mais je vois plus clair, et j'édicte, au lieu de ces restrictions subtiles dont l'inconscient féminin se joue, à un impôt positif sur la sexualité.

A. CXIV.   Le premier effort de l'être qui se croise dans un but idéal, quoique vivant par le siècle, consiste à payer à ce but une dîme sur tous ses biens et acquits moraux.

Tes biens, ma sœur, sont ta beauté ou ta naissance, tes relations : donne le dixième de tout cela à l'idéal, c'est-à-dire à une conspiration contre la loi et l'opinion au profit de l'art.

A. CXV.   *Le caractère, c'est-à-dire la rigidité morale, en face des événements, n'étant pas demandé à la femme ; tandis que l'homme en fait son seul prestige, c'est à la femme qu'incombent les sollicitations et tout ce qu'on nomme tour de faveur, avancement, exemption, passe-droit et privilège.*

Voici d'une sorte précise les corruptions que la fée doit exercer en suivant le cours d'une adolescence.

1° Les examinateurs, attendu que :

A. CXVI.   *L'Université étant basée sur une seule faculté, la mémoire, présente d'autant plus de difficultés au candidat qu'il est plus remarquable et individualiste ; en outre une instruction d'État, sans doctrine philosophique, doit périr, et que chacun y aide.*

2° Toute l'armée, attendu que :

A. CXVII.   *Le cosmopolitisme étant la seule forme véritable de la civilisation, il forme l'individualisme, la condition du salut collectif ; il faut ruiner l'idée nationale et l'idée d'obéissance passive, deux restes de barbarie.*

3° La magistrature, attendu que :

A. CXVIII.   L'égalité devant la loi étant la proclamation de l'injustice, tout ce qui rétablit l'inégalité devient adorable et auguste.

Voici trois offices féeriques, ma sœur, faire recevoir Chérubin à ses examens, sauver Roméo de l'épouvantable et satanique recrutement, et aider Faust, Claës, ou Louis Lambert à ne pas être spoliés par le code.

Si tu rencontres des juges au tribunal de commerce, informe-toi de leurs méfaits ; ce sont gens qui donnent toujours tort aux artistes.

Vois-tu maintenant se dessiner ton rôle de fée.

A. CXIX.   La fée a la fonction de tempérer par son intervention le jeu mécanique et féroce des institutions, quand elles oppriment un être d'exception.

Seule tu peux oxyder, jusqu'à la faire céder, la ferraille sociale qui entrave les nobles efforts, seule tu peux tempérer par ton charme militant la barbarie de la légalité.

A l'aube de l'histoire, tu adoucis la brute primitive ; à cette fin d'histoire, amollis la brute du progrès.

Aucun scrupule, certes, ne me vint à de pareils conseils : ce qui se nomme l'abomination de la désolation ; il importe donc que ce vieux monde croule, et j'emprunte à Klingsor, le sorcier noir, son exécration :

« C'est l'heure ! Déjà vers le palais des mirages le décadent s'approche, puéril et joyeux. A l'œuvre.

« Surgis ; parais ; ton maître t'appelle, être sans nom, Démone primitive, Rose d'enfer, jadis Hérodiade, et quoi encore ?

« Autrefois Gundrygya, maintenant Kundry : viens, viens donc, Kundry, obéis à ton maître. »

Binaire, entité collective insufflée sans cesse par Nahash, apporte le secours de l'absurde à l'absolu, et ainsi, pour cette fois, les ténèbres combattront pour la lumière.

Klingsor te déchaînait contre les chevaliers du Graal. Celui qui n'a ni la pureté ni le péché d'Amfortas, celui qui n'est pas le pur, hélas, mais qui est le sachant par subtilité, celui-là qui n'incarne par l'âme du Graal, mais qui en contient l'esprit et la volonté, te montre Klingsor lui-même et sa séquelle comme une proie à tes instincts.

Réprimer ton vertige : d'autres l'ont tenté sans effet, je l'utilise ; te purifier : l'Église s'y efforce vainement, la magie survient qui t'élit corruptrice du corrompu, bourrèle des méchants.

A l'œuvre, *Apatouria*, ô Vénus trompeuse. Le taureau féroce, l'égoïste collectif, s'ébat aux champs crétois, dompte-le par les prestiges sexuels. Donne carrière à ta fureur, approprie-toi ces hommes sans idéalité ; ils nient Dieu, soit leur fétiche ; ils nient l'âme, que la chair les aveugle : ils bannirent le crucifix, bannis la paix de leur vie ; il te suffit d'y entrer.

A ta besogne de tortionnaire, femme, applique-toi ; il faut de la douleur pour le péage humain, de la douleur consentie ; tenaille-les de tes caresses mêmes ; au supplice les sans-Dieu, c'est-à-dire à l'Amour, je les voue au néant, je les voue à la fée.

Fais curée de ces cœurs que Jésus n'a pu toucher : ils sont maudits, que leur don soit ton amour, afin que par la sentimentalité et la concupiscence s'évapore et s'enlise un peu de leur férocité bourgeoise : et tu auras ainsi tempéré l'atrocité de ton temps, et servi selon ton impureté à la défense de la lumière.

CONCORDANCE CATHOLIQUE

ARCANE QUARTODÉNAIRE

Je relève ici hautement la théorie des indulgences, qui servit de prétexte au cuistre ridicule nommé Luther contre la sainte Église.

Le droit et même le devoir de tout recteur d'hommes, pape, archimage, empereur, est de tirer de n'importe quel élément tout ce qu'il peut contenir d'excellent.

Or il fut excellent que les pécheurs donnassent, en matière de pénitence, un peu d'or pour le palais de Jésus-Christ; et il est magique pour le Psychurgue d'employer selon le bien des activités dangereuses qu'il ne peut réduire.

Faire de la féminité latine un vaste béguinage, il n'y faut pas songer; la vie mondaine engendre fatalement la concupiscence: vaut-il mieux ne tirer aucun profit de ce péché fatal? Nul n'oserait le prendre; et je ne violente pas la doctrine catholique en tirant le pur de l'impur, et en instaurant la femme comme médiatrice entre l'exception et la loi.

Certes, de bons esprits s'effrayeront devant de pareilles formules: leur conséquence se prolonge jusqu'à un cataclysme fabuleux; je répondrai facilement: ce qui distingue un berger d'un mouton, un mage d'un autre homme, c'est qu'il a l'âme assez forte pour porter un dessein aux corollaires illimités.

VIII

LA QUALITÉ OU DE LA PERVERSITÉ

Onomie vénusiaque: Méchanitis.
Héraclisme: Les juments.
Heure: Irène-Eleté.
Sibylle: L'Hellespontienne.
Signe: Le Scorpion.
Arcane: Le Quintodénaire.

La perversité consiste à révulser en quelque chose la norme, littéralement à controverser la logique : c'est le sacrilège contre la nature, et le danger menace plus qu'en toute autre prévarication.

D'abord elle naît d'une débilité de l'esprit, d'une lésion de l'encéphale ; sous une forme crisiaque, elle traverse parfois les jeunes hommes dans les décadences.

Par son pullulement phallophorique, une partie de la presse a faussé la notion du pervers, et de naïfs journalistes se sacrent quand ils ont décrit une héroïne aux dessous frisés ou un lit à draps noirs : des sensualités puériles. La perversité commence au gratuit et à l'inutile ; elle satisfait un sentiment mauvais, jamais un besoin.

Ainsi sont perverses les Lesbiennes qui veulent la présence d'un homme pour que le désir mâle souligne leur aberration.

La sorcière, au point de vue symétrique, s'oppose à la fée, comme le sorcier aux mages.

J'ai dit brièvement, au premier tome de *l'Amphithéâtre des sciences mortes*, la vérité sur la matière. On m'opposera la bulle d'Innocent VIII qui énumère le commerce avec les démons, le nouage de l'aiguillette, le dépoussement des enfants, des fruits et des herbes. En outre Peucer raconte, en son *Commentaire des principales sortes de sorcellages*, plusieurs faits très documentés. Léon Wier, Le Loyer et Bodin établissent également l'historicité des plus étranges phénomènes.

Innocent VIII fulminait contre de vrais criminels dont la malice singulièrement puissante pouvait être attribuée à cette entité obscure du mal : le démon, mais circonscrivons la goëtie à sa forme féminine. Louis du Vair, en ses trois *Livres des charmes et sorcellages*, dit : « On voit plus de femmes sorcières et charmeresses que d'homme s ; car elles sont si débordées en leurs courroux et cupidités qu'elles ne s'en peuvent retirer ni se commander aucunement ; qui fait qu'à la première et moindre occasion elles bouillonnent dire et fichent une œillade ardente et farouche sur ce qu'elles veulent ensorceler. Outre cela, d'autant que la nature des femmes est d'être muables et volages, sitôt que quelque fascherie leur survient, elles sortent de toutes æquanimité et perdent patience, et si troublons ainsi les humeurs, elles se font sortir de leurs estomacs (du foie) certaines qualités et exhalaisons venimeuses… Davantage chaque mois elles sont pleines de superfluités, et le sang mélancolique leur boult et fait sortie des vapeurs qui s'élèvent en haut, et, passant par la bouche, par les narines et autres conduits du corps, jettent une qualité ensorcelée sur ce qu'elles rencontrent ; et rottent je ne sais quel air qui nuit à ceux qu'elles rencontrent, ce qu'entre autres les vieilles savent bien faire. »

Il y a très peu à redire sur cet exposé pris à la traduction naïve de Julien Baudon, Angevin.

A. CXX.   *La colère, la haine, tous les sentiments violent, pro-jettent un rayonnement nerveux affectif, qui attaque et blesse autrui dans la proportion d'inéquilibre où autrui se trouve.*

Le courant nerveux vicié, que projette un jettatore par exemple, n'agira ni sur l'homme de pensée, ni sur la femme vertueuse et calme, au contraire, celui qui a une volonté vacillante et une imagination fiévreuse sera exposé dangereusement.

A. CXXI.   *Le sort, l'envoûtement, le charme, le mauvais œil, ces appellations de la volonté de l'âme, ne peuvent agir sur autrui que si autrui est déjà un malade de la volonté ou un débile de l'âme.*

Au reste, pour étudier ces cas d'empoisonnement par la projection nerveuse, il n'y a qu'à regarder autour de soi cette énorme catégorie des amoureux. Le vénéfice inconscient régna à toutes les époques comme à la nôtre.

A. CXXII.   *La sorcellerie est un ensemble d'exercices de volonté propres à créer dans l'être humain le fanatisme du mal ; et la sorcière ne diffère d'une femme méchante que par un entraînement plus régulier et plus intense, qui produit une hyperesthésie fluidique.*

Il n'y a plus de mystiques du mal, car la sorcellerie n'est qu'un mode dans le sens de méchanceté, mais les vouloirs mauvais partout se dressent, et on s'en préserve par les moyens mêmes qui repousseraient l'action magnétique.

Je ne vois dans nos mœurs que deux cas à indiquer, car il faut réduire à la stricte nécessité l'énonciation de ces matières où l'imagination se prend d'elle-même.

Avec un coup de ton éventail, tu couperas le regard qui t'oppresse, comme la branche morte qui tombe entre le regard du serpent et l'oiseau, permet à ce dernier déjà fasciné de s'envoler.

Pour un rencontre de face à face, si un être s'efforce de t'actionner, dresse-toi et souffle-lui à la face, comme si tu voulais éteindre une bougie.

Enfin, la fumée d'encens épaisse arrête les courants fluidiques et isole de leur action.

En tous phénomènes animiques, la sérénité constitue le plus ferme rempart ; il faut que l'être usé par le mauvais vouloir y collabore, peureux, inquiet : tant qu'une femme rit, elle n'est pas envoûtée.

A. CXXIII. *Selon la norme du libre arbitre humain, il faut toujours que le maléficié adhère par sa faiblesse d'âme et sa terreur à la volonté du maléficieur.*

Or la perversité prépare singulièrement une âme à l'invasion sorcellière : si on viole une fois la raison, elle se fausse et ne fonctionne plus que par paradoxes dangereux.

Au moyen âge, le simple, infiniment malheureux, s'insurgea contre l'inefficacité de ses prières, et conclut que Dieu devait être empêché en sa miséricorde par une puissance rivale ; de là à personnifier et à invoquer le principe du mal, il n'y a qu'un pas nerveux.

Ce qui suffirait à déconsidérer, même au point de vue de l'étude, la prétendue magie noire, c'est sa malpropreté et son caractère de cuisine puante.

Ainsi la moelle du loup rendra l'épouse fidèle, et pour séduire toutes les femmes voici la recette :

« Ayez un crapaud en vie et l'attacherez par les deux pattes de derrière dans votre cheminée : quand il sera sec et en poudre... » etc. Ces rêveries de paysan ivre ôtent du sérieux au livre où on les cite : le recueil de la Bibliothèque de l'Arsenal. *Livre des secrets de magie*, ne contient pas tant de vraie pratique que le *Traité des Excitants* de Balzac. Au reste, la goëtie mêle incessamment la toxicologie à la simagrée, et la pommade hallucinatoire dont les sorciers se frottaient pour aller au sabbat contient assez de poisons pour faire divaguer le moins fou.

Obscène, ridicule, nauséeuse, la sorcellerie est l'œuvre des Homais de village ; recettes, invocations, formules semblent des Sganarelleries, mais farouches et convaincues ; c'est l'œuvre d'un ex-valet d'apothicaire.

J'ai reçu plusieurs visites de fous dangereux qui m'offraient des sommes pour leur enseigner à faire le *sacrifice qui donne le pouvoir* (sic). Interrogés sur la nature du sacrifice, les uns disaient un mouton, les autres une poule noire, et le pouvoir ne se spécialisait pas à la richesse ; c'était en leur âme une aspiration vague et presque mystique. Quant aux femmes, par simple curiosité elles sont capables de tout, si une passion les meut ; les bornes du possible, elles les reculeront dans un domaine où l'impunité paraît garantie.

Tu remarques sans doute, ma sœur, que le Diable n'a pas encore parlé, et je jure que tu t'étonnes ; la poésie t'attribue un élan de sacrifice pour sauver l'insauvable, et l'Eloa de Vigny, et la Senta de Wagner illustrent cet ordre d'idées.

Je dirai la vérité pneumatologique dans le *Comment on devient Artiste*; ici je ne peux que souligner l'incohérence du langage coutumier, et combien la notion populaire et celle de l'Église se sont mêlées et déformées l'une et l'autre.

Quel écart de conception entre l'ennemi du genre humain Sathan et le lutin Koriton ou Sylphe. L'anthropomorphisme s'est livré à une débauche d'imagination sur les esprits; il en résulte une diablerie aussi composite quel l'humanité : bons et mauvais, petits et grands, les esprits effrayent ou, rassurent ; de même il y a les esprits farceurs, ou, comme on dit, fumistes.

Cela ne suffisait pas, à notre époque ou plutôt notre époque ne pouvait pas s'halluciner selon le mode ancien.

Dans les tours des manoirs, sur les landes et les étangs, partout où la solitude s'accouple avec le silence, naissait une impression mystérieuse qu'on attribuait aux démons.

Comment acclimater dans le tourbillon de Londres, parmi la fièvre de Paris, la fontaine des châteaux d'Écosse et les revenants de Bretagne : on ne se figure pas le loup-garou de Regent Street, ni la chasse au diable rue du Bac ; la centralisation touchait à un beau résultat : l'absence d'illuminisme ; mais le besoin de surnaturel, impérieux à travers les déclamations libres-penseuses, voulut se satisfaire à tout prix, et les tables et les chapeaux tournèrent, et les crayons délirèrent, et les défunts vinrent s'entretenir avec leur famille au moyen d'un pied de table, tandis que les plus grands esprits du passé venaient, au commandement de quelques mondains désœuvrés, se déshonorer par des réponses dont les mirlitons ne voudraient pas : même le docteur Crookes, un savant celui-là, possède un morceau de la robe d'un esprit.

Quelques voyageurs et plusieurs femmes déclassées apportèrent de l'Inde des assertions extraordinaires : Mme Blavatsky obtint des mythiques Mahatmas qu'ils lui rendissent la virginité, et je crois qu'avec le drap de l'esprit de Crookes, ce sont les chefs-d'œuvre du genre.

A. CXXIV. Il faut être fou pour chercher à produire de nouveau phénomènes, tant que les anciens ne sont pas expliqués.

A. CXXV. En pratique occulte, la femme ne sera jamais que dupe ou faiseuse de dupes.

A. CXXVI. La femme qui se laisse magnétiser est comme déflorée si elle était vierge ; si mariée, elle est adultère.

Pour une vaine curiosité, tu t'irais salir et les mains et les yeux et l'âme : n'as-tu pas le mirage sexuel et le pouvoir des métamorphoses ? Circé, laisse à l'informe paysanne sa marmite à bouillir les clous, à la Javanaise ses poisons végétaux ; et surtout n'accuse pas le diable, tu t'accuserais toi-même. Souviens-toi du premier péché : le culte des ténèbres, voilà le royaume de Nahash ; ne provoque pas les vertiges élémentaires, ils n'amènent que la folie et la mort[17].

---

17   La sorcellerie est le mode d'exaltation chez les êtres, également croyants et criminels, qui ne peuvent ni cesser de croire, ni renoncer à méfaire, et qui mixturent foi et piété en se créant une religiosité du mal. Il faut laisser aux hommes d'écriture artiste toute cette pénombre où grouillent les formes cocasses que la pauvre cervelle humaine inventa pour ses crimes, aux époques de foi. (*Comment on devient Mage, 220*).

Il s'élève de ce domaine une impression de laideur et de bassesse qui suffit à en écarter les fines natures : la nausée s'arrêterait bientôt la téméraire.

Constant au même souci de canaliser les instincts plutôt que les contraindre, je dirige ta perversité vers une action où elle trouvera la lumière, en ses représentants.

Réserve ta méchanceté, ton côté félin, qui est ta force, pour combattre et vaincre les représentants du collectif social, l'autorité.

Vénus Méchanitis, ourdisseuse de ruses, vois dans ces juments que Diomède nourrit de chair humaine les lois et les mœurs qui dévorent l'exception, par seule perversion de l'esprit égalitaire, sans profit pour le nombre.

Souviens-toi toujours de l'implacabilité des normes naturelles ; ne les viole jamais, même en passant, même d'une volition : sinon ton devenir, à jamais entravé, te voue au néant que l'Église appelle, par égard à ton peu de conceptualité, « enfer ». Jamais une femme ne comprendra que la pire souffrance soit préférable au non-être : et cette seule constatation légitime toutes les couleurs vives et vulgaires dont le catholicisme se sert pour rendre sensibles et prolifiques les saintes vérités.

Si tu as besoin, pour concevoir le viol et le redouter, de l'image nommée diable, garde cette figure grimaçante qui parle à ton débile esprit. La réalité te glacerait d'une bien autre frayeur, si tu la concevais.

Sois assurée, par ma parole de dévot au mystère, que le fond des symboles dépasse leur forme, soit en lumière, soit en terribilité ; et garde l'effroi, si ce frein te maintient davantage ; pour toi la crainte est peut-être toute la sagesse.

CONCORDANCE CATHOLIQUE

ARCANE QUINTODÉNAIRE

Le péché contre le Saint-Esprit, le délit irrémissible, se cache dans les mœurs modernes sous d'innocents aspects.

L'usurpation sexuelle passe pour une noble émulation; l'applaudissement du laid et niais fait corps avec la mode qui y pousse: et les spectacles, les lectures, et les délassements même offensent Dieu.

C'est un péché de laver des aquarelles et de basbleuiser; c'est un crime d'assister à une course de taureaux ou à une Offenbacherie; c'est une scélératesse de faire tourner une table.

Quant à la goëtie, le crime s'y mêle au sacrilège, et aujourd'hui on s'apitoie sur l'immense et inutile autodafé des sorcières, qui eut lieu pendant plusieurs siècles; il faut se dire que parmi beaucoup de malades il y avait nombre de scélérates: le mauvais œil, en général, s'aidait d'un bon poison.

L'Église, en défendant sous peine majeure de toucher à Nahash, au courant des instincts, a prouvé sa sollicitude éclairée; et son commandement, qui ne concerne pas l'homme de pensée et d'expérience, du moins frappe la femme d'une défense juste et nécessaire. Pour elle, se pervertir c'est pourrir, et nulle perversité ne charrie autant de vertiges que celle ritualisée de la sorcellerie.

IX

LE TEMPS, OU DE L'IMPUISSANCE

Onomie vénusiaque : Aréia.
Héraclisme :   Les Amazones.
Heure :   Orthosia-Acté.
Sibylle :   La Phrygienne.
Signe :   Le Sagittaire.
Arcane :   Sextodénaire.

Celui qui se lève pour le salut catholique ne regarde ni en arrière, ni autour de soi ; l'obstacle le favorise, la maladie l'augmente, les ennemis sont les meilleurs alliés, la douleur l'exauce, et la mort n'a plus d'autre horreur que de tarder. Miraculeuse splendeur de l'abnégation, suprême indépendance du serviteur de Dieu : ce n'est pas une voie ceci, c'est la voie.

Mais, tout ébloui de cette vue, je sais quelles nobles natures, quels sublimes esprits marchent un autre chemin, moins sûr, plus amer, jonché de cadavres d'âmes : une foule d'êtres s'y sont perdus pour le temps et l'éternité ; cependant c'est la voie des chefs-d'œuvre et des idées, la voie du Saint-Esprit, la voie de gloire : il faut être déjà grand pour y poser le pied et faire un pas.

Là, au contraire de la première route, la bonne volonté ne compte pas : le seul juste s'appelle le réalisateur ; comme tout y commence par un acte de témérité, le téméraire devient un coupable par la défaite. Au premier chemin, le pérégrin, l'âme fixée sur dieu, n'a qu'à se laisser vivre et mourir ; son but est en lui, il se sauve mieux encore par l'insuccès ; sans volonté propre, oublieux du destin, la Providence, en qui il se fie tout entier, l'élève au-dessus de la nécessité.

Bienheureux ceux qui renoncent à eux-mêmes, car ils auront Dieu ! Ce sont les meilleurs des hommes.

Il n'y a pas que des hommes en ce monde, il y a des êtres intermédiaires entre l'esprit essentiel et l'esprit substantialisé, qui portent en eux une lumière divine, sans que les vertus fleurissent en leur cœur. Nul n'a songé à la canonisation de Dante, de Michel Ange, de Léonard, de Beethoven et de Wagner, de Balzac : et cependant ce sont là des êtres aussi admirables et importants pour l'humanité que pas un saint.

Qu'on ne dise pas qu'en plus de péchés de leur vie, leurs œuvres engendrent des péchés ; qu'on se taise sur ce point ténébreux, sinon je demanderai compte à Boniface du martyre des Templiers ; à Paul III des augustes nudités de la Sixtine ; à saint Dominique, des misérables espagnols dont son ordre est taché ; je demanderai compte à Pie VII de son catéchisme impérial. L'Église des âmes doit rester charitable envers sa sœur l'Église des esprits : apaisons un conflit aussi redoutable, et que le mage salue le cardinal, et que la dévote sourie à la fée. Ne condamnez jamais l'effort d'autrui s'il est sincère et doux.

Indiciblement au-dessous de ces demi-dieux, de ces génies, de ces héros, les penseurs, il y a une féminité qui ne brille ni par ses vertus, ni par aucun prestige de religiosité.

La civilisation athénienne devait beaucoup aux hétaïres : Ninon de Lenclos, dans un sens désordonné, Julie de Rambouillet, en clé de vertu, servent prodigieusement à la politesse de leur époque.

Ce qui marque très fortement la déchéance de Paris c'est l'ignominie de ses femmes de plaisir. Lorsqu'un pays ne produit plus d'être étincelants, même dans le vice, il approche de son démembrement ; cette matière comporte tant de latitude, qu'il faut être déjà néant pour ne plus paraître quelque chose.

Je pousserai les mêmes cris du prêtre, et du moraliste, si l'on veut, préconisant aussi la chasteté, la pudeur, la foi conjugale et toutes belles mœurs : mais ma voix se mêlant au chœur Jérémien ne produira aucun mieux.

Je préfère constater l'impuissance des agrégores à discipliner les instincts et les coutumes, et, envisageant cette prévarication fatale et irréductible, calculer, en alchimiste éthologue, ce que l'homme de lumière peut tirer de ces matières exécrables.

Cette méthode sûre, l'analogie, nous aveugle de cette vérité :

A. CXXVII.   Il y a toujours un parti à tirer de tout être et de toute circonstance ; et les procédés de cette alchimie des événements et des individus se formulent :
Providentialiser : La Nécessité.
Fataliser : La Volonté.
Nécessiter : La Providence.
Vouloir : Le Destin.

Comment ne pas découvrir dans une nécessité son terme providentiel ? Suppose-toi peu jolie, il devient nécessaire que tu développeras un prestige compensateur de bonté ou d'idéalité.

Tu découvriras sans peine que tes désirs se réaliseront dans le sens de leur accord avec ce qui précède et ce qui entoure. Tu peux tourner à un certain profit toute difficulté, en adhérant au plan divin comme le mystique. Enfin la réalisation s'accomplit toujours dans le sens des normes intéressées à l'événement.

L'Église voulant qualifier d'un verbe la force du mal a écrit : *perseverare diabolicum*, témoignant ainsi que la plus grande force c'est de durer. Or, d'une année à l'autre, l'obstacle à nos desseins disparaît, laissant la voie libre à notre volonté, si elle a su attendre.

A. CXXVIII. *Le consentement diminue, non pas l'événement.*

Il y a une façon de nier la mauvaise fortune qui l'améliore : et nous ne devons jamais convenir devant nous de nos désastres.

Il faut se flatter, ma sœur pour s'affirmer, et le courtisan a sa raison près du roi : il lui fournit une perpétuelle confirmation de ses devoirs et de ses droits.

Tout à l'heure j'indiquais qu'il y a lieu d'utiliser la force morale, comme on fait de nos jours du dynamisme ; que le vice homologué au fumier servira encore à produire des floraisons appréciables. Ainsi, comme on voit, à la guerre, des soldats, ou ailleurs des fanatiques, ne souffrir que longtemps après l'action de leur blessure ; ainsi l'être qui poursuit vivement un but sera moins frappé par le mauvais tort.

Jamais le commun n'eût résisté aux terribles heurts qui traversèrent la vie des ambitieux, et les difficultés que surmontèrent les croyants eussent arrêté le plus habile sceptique.

Ton plus difficile effort sera donc de concevoir un mobile assez haut pour te passionner toujours, assez égoïste pour te passionner fortement. Or je ne vois rien de comparable à un traité entre ton instinct de plaire et les intérêts de l'idéalité ; sois Célimène au profit de la lumière, inféode-toi à l'art afin qu'il t'auréole.

Judith et Déborah, Jeanne d'Arc sont de très grands rôles sans doute, mais malgré l'élément religieux qui les rend admirables, il y eut chez ces beaux êtres une idée nationale ; et je te défends surtout d'être ton pays. Les entités ethniques vont mourir, après avoir causé plus de malheurs que tous les vices unis : déjà condamnées par l'homme de pensée, elles s'ébranlent au choc inconscient de l'homme d'en bas, obscur instrument de justice.

Je veux faire de toi une prêtresse de civilisation, et la civilisation c'est le cosmopolitisme.

Il y a les gens qui admirent Wagner et qui sont gentilshommes, il y a ceux qui ne l'entendent pas et ils s'appellent la canaille.

L'art comme la religion, doit planer au-dessus des néants nationaux : un peuple, comme un individu, ne vaut que par sa chevalerie ; considère si une cause est juste, et non si elle est française.

La passion nationale, de toutes les passions la plus niaise, doit être réprimée parce qu'elle donne carrière à toutes les autres, et que tel qui s'interdit le vol et l'homicide pour son propre intérêt volera des territoires et massacrera des peuples, au nom de son pays, au profit de gens de sa zone.

La patrie est ce minotaure qui dévore les plus beaux fils d'Athènes : premier Thésée, j'ai blessé le monstre, et j'espère le voir périr sous les coups des héros qui me succéderont dans l'effort de vérité.

Or tu entretiens le nationalisme par la partialité envers l'officier : il règne sur la plupart des femme s ; on l'épouse autant qu'on l'aime : si tu suis cet errement, renonce à mon ascèse : l'officier représente la barbarie, et il ne peut arguer de sa valeur personnelle puisque ses actes sont tous inconscients et d'un dynamisme impersonnel.

A. CXXIX.   La répulsion chez la femme n'est souvent que l'envers d'un désir; telle sa mutabilité, qu'elle est exposée à découvrir de l'attrait au fond de ses antipathies.

Ce phénomène idiogyne expose aux vertiges et à l'action protéenne du terrible Nahash; la sagesse commande de séréniser la sentimentalité entière, de se fermer à la bizarrerie. Aïscha résiste au laid, non pas au monstrueux : on découvre dans son cœur une propension vers le criminel hardi, et ce faux idéal de Byron et des romantiques. Marat n'a jamais manqué de femme s; on sait le prestige qu'exerçait Pranzini et les constantes bonnes fortunes de la corporation des bourreaux.

A. CXXX.   L'atmosphère morale agissant sur la femme comme élément positif, son âme se caméléonne suivant l'entourage, et son destin se subordonne à celui du groupe où elle vit.

Exposée à la contagion morale au point de te pervertir ou de te purifier momentanément selon l'ambiance, tu cours un risque, qui te touchera davantage, d'absorber les miasmes de malheur, les bacilles de fatalité d'une coterie, d'une famille ou d'un être.

Aussi veille à tes intimités non seulement pour te conserver pure, mais aussi pour rester faste; le malheur se décalque plus aisément sur toi que sur l'homme.

Prends cette règle que ceux qui t'énervent de quelque façon que ce soit te sont funestes, et qu'il faut qu'on t'apaise pour t'être bon. Recherche donc les sentiments les plus intelligents au lieu des plus vifs, les êtres les mieux intentionnés et non les plus séduits.

La nature t'a douée pour la résistance nerveuse : profite de ce sort prodigieux pour te garer des courants qui t'enliseraient : dans la passivité il y a deux forces, l'inertie et la faculté de te renouveler complètement.

Vénus Aréia, la guerrière, songe à conquérir le baudrier d'or d'Hippolyte, c'est-à-dire le pouvoir des mœurs et les insignes du sacerdoce sentimental : chaque fois que tu te déclasses, tu abdiques tes moyens d'action. Appuie-toi sur l'opinion, afin de la faire un jour ; elle te rendra tout ton effort en sauvegarde. Le prestige, c'est-à-dire une valeur idéale consentie par autrui, voilà le bouclier, l'égide qui te couvrira devant tous les coups.

Tandis que l'homme évolue, arbitré au seul abstrait, toi, collectif féminin, tu évolueras comme collectif social, c'est-à-dire au nom de la culture.

Neschamah, l'esprit, s'isole impunément ; sa loi d'unité le lui commande ; Ruach, l'âme se constituera toujours en pluralité.

Il faut que tu sois deux, binaire, toi et Dieu, toi et l'idéal, toi et un homme, toi et les mœurs, toi et les modes. Ne sois jamais seule, sinon Nahash t'envahirait, et Nahash c'est le dam renouvelé, le perpétuel supplice de ton destin. Tous tes malheurs dépendent de ton point d'appui : semblable à ces pinacles svelts des cathédrales qu'un arc-boutant soutient, ne te fie jamais à ta propre statique : ton équilibre sera toujours l'autrui ou l'au-delà ; et si tu peux mêler à l'autrui sentimental l'au-delà intellectif, tu seras sauve dans cette proportion qui n'est pas le bonheur, mais qui rend la vie viable et intéresse.

CONCORDANCE CATHOLIQUE

ARCANE SEXTODÉNAIRE

Ce que la magie enseigne de plus accommodant que l'Église, c'est le choix de sa souffrance.

Il sera toujours beau et salutaire de supporter l'épreuve telle quelle ; mais dans ce qui relève du libre arbitre, il y a des devoirs, tels que ceux de la famille, que nous pouvons ne pas assumer si nous y sommes impropres.

La douleur, cette gymnastique de l'âme, comporte des exercices qui cassent les reins à tels genres d'activité, tandis que d'autres tempéraments s'y plairaient.

Tel passerait dix ans à la Chartreuse plutôt que dix minutes à la caserne ; et quoiqu'on puisse alchimiser toute épreuve en perfection, quelle âme n'est sortie avilie jamais de la géhenne militaire cette forme sociale de l'enfer.

L'Église, dans un moment d'obscuration a laissé le séminariste et le prêtre prendre l'uniforme de l'homicide ; cependant, le jour où un théologien lui présentera le cas du déserteur qui tue les gendarmes, elle sera forcée de le proclamer innocent et en cas de légitime défense.

On devrait cesser cette énonciation blasphématrice qui appelle doigt et main de Dieu les cyclones, les pertes, et tout l'attirail du malheur, qui est né de l'homme seul.

La nature n'a désobéi au principe humain que lorsque celui-ci eut transgressé la loi divine ; c'est donc l'indignité humaine qui se répercute aux cataclysmes, et non la Providence, qui au contraire est l'alchimie incessante qui fait de l'or et de la lumière avec les pires perversités de l'homme.

X

LE LIEN, OU DE LA GLOIRE

Onomie vénusiaque : Euplora.
Héraclisme :   Les Bœufs.
Heure :   Tallo-Dysis.
Sibylle :   La Tibartine.
Signe :   Le Capricorne.
Arcane :   Le Septodénaire.

La gloire de la femme c'est d'être aimée ou d'aimer, de créer un dévouement ou de se dévouer : la gloire, ma sœur, c'est l'homme qui s'appelle ton fils ou ton époux, ton protégé et ton amant.

La naissance donne l'éclat, non pas la gloire.

A. CXXXI.   La gloire, c'est le réflexe d'une femme épousant la lumière d'un homme, d'une époque ou d'un abstrait, et la prismant de beauté[18].

---

18   La gloire c'est la volonté d'un homme épousant la lumière et lui donnant un fils, c'est-à-dire une œuvre.

Si extraordinaire que soit le prestige de Bonaparte, Joséphine Beauharnais ne mérite pas plus de gloire que l'amoureuse d'un pirate ou de quelque brigand.

De toutes les notions, aucune n'a plus perdu de sa lumière primitive que celle de la vraie immortalité.

A. CXXXII. La vraie gloire est celle que consent l'humanité ou la métaphysique; celle que donne l'assentiment d'un seul peuple ne vaudra jamais.

Tu arrives dans une ville, une statue orne la place où un uniforme agite un sabre, ce sera l'incendiaire du Palatinat ou le bombardeur des côtes chinoises : un brigand bleu, Hoche, ou un bandit rouge, Suchet; vas-tu admirer parce que ce bronze témoigne d'un guerrier ? Lis, informe-toi de la cause que ce soldat a servie : la justice était-elle avec lui, c'est un héros, salue; n'était-il qu'un assassin, un sectaire national au profit d'un pays, passe et méprise.

Il faudra en finir avec la sourdardise historique, et nettoyer le temple de mémoire de tous les tueurs qui l'encombrent.

Le maréchal Bugeaud et Abd-el-Kader ne peuvent pas avoir également raison; l'un des deux est un bandit : prononce.

La loi des nationalités est telle.

A. CXXXIII. Devant l'éternelle justice, l'acte collectif dépend de la même norme que l'acte individuel, et le complice d'un peuple sera jugé comme le complice d'un homme.

Démêle les conséquences de cet arcane appliqué à l'histoire, et qualifie toi-même les guerres et la colonisation, et leurs prétendus héros. Le grand saint Thomas d'Aquin écrit ce beau cri de lumière :

« Une chose n'est pas juste parce que Dieu la veut, mais Dieu la veut parce qu'elle est juste. » Suis-je donc séditieux de prétendre qu'une chose n'est pas juste parce qu'elle est nationale, et qu'on doit des vœux et des efforts à l'ennemi si l'ennemi incarne la lumière ?

Cela renverse l'édifice social, sans doute ; mais comment énoncer la vérité sans attaquer l'erreur ? La métaphysique ferait plus de révolutions que la passion politique, si elle ne se limitait à quelques cerveaux seulement par époque.

Je te convie, ma sœur, à aimer la gloire et à t'approcher de ceux qui la dispensent. Il en est de quatre sortes pour toi :

Tes fils : aucune gloire n'égale celle de la mère ; porter et mettre au monde un génie, voilà certes l'incomparable destin des Moniques.

Ton époux : si tu entres par lui dans un destin de lumière.

Ton amant : s'il appartient à la race des flambeaux.

Ton image : si tu poses duchesse d'Albe devant Goya, Pauline Borghèse pour Canova :

Au-dessus de ces formes d'immortalité et les réunissant toutes, la féerie, qui te veut maternelle à l'intelligence, épouse aux grands desseins, Béatrice devant les lyres, et Tornabrioni et Violante devant les pinceaux, la féerie te mènera à l'immortalité par une voie souriante et pleine de joies pures et vives.

Tu as non seulement le droit, mais le devoir d'acheter la gloire, car le poète et l'artiste doivent vivre de la lyre comme le prêtre vit de l'autel.

Depuis que le journalisme, cette prostitution des lettres, est devenu non pas lucratif comme l'autre, celle des corps, mais honorable à l'instar d'un commerce, les hommes-filles ont déclaré leur dignité enviable d'aplatir toute l'œuvre au niveau du parc public au lieu d'aplatir la première page en dédicace.

Je demande le nom du banquier actuel qui donnerait mille livres pour avoir son nom en tête d'une tragédie, pour l'honorer.

On a parlé de la domesticité des écrivains au grand siècle : c'est fort commode de faire une révérence au prince de Conti, et l'antichambre d'un roi valait bien l'antichambre d'un éditeur : les bonnes âmes, vraiment, que les lectrices de Balzac, qui, ayant deux cent mille livres de rente, ont laissé ce demi-dieu gémir vingt ans sous moins de soixante mille francs de dette ; les petites crétines, tes semblables, ma sœur, qui s'exclament devant la fresque qui fut payée par un sac de farine, n'auront pas l'idée de faciliter l'œuvre même à l'artiste qui les frappe.

J'ai vu une dame de plusieurs millions ne pas broncher alors qu'un artiste qu'elle admirait se lamentait de n'avoir pas un piano, fût-il mauvais, chez lui.

Souviens-toi que l'amour a été créé par l'artiste et que tu dois la dîme ; mais tu ne la payeras pas, et l'art, retirant lui-même tout ce qu'il t'a donné, te laissera avec tes seules vertus, sinon nue de prestige, femelle.

Tu t'exagères ta préciosité ; je t'entends penser : « Parler ainsi de la femme ! »

Ça ! écoute, être sans réalité, que prétend-tu donc ?

Ton corps ? Mais l'art a créé un être surnaturel, l'androgyne, auprès de Vénus disparaît.

La volupté ? Le mystère nous la donne, et crois-tu que tu puisses donner l'équivalent des sensations de Bayreuth ?

Ton âme ? Ah ! ton âme, la belle chose ! Ton amour, plus redoutable que ta haine, épouvante les plus grands courages : et quand tu n'aimes pas, tu es sans cœur. Qu'argueras-tu, éternelle Elsa, pour ta défense ? Que l'homme te vaut ? Eh bien, cette conclusion te réduit à valoir comme personne, et je dénimbe ton espèce

Tu corresponds aux besoins de l'âme, tu es le pain et l'eau de la sensibilité : et comme l'art et le mystère sont intangibles, notre essor te rencontre et t'embrasse en retombant. Tu es l'imparfait, et plus tu pèses sur une vie, moins elle s'élève.

A. CXXXIV. L'homme s'accomplit dans la proportion où, sans fuir la femme, il ne la ressent plus, exhaussant sa sensibilité vers les prestiges de l'idée et de l'art.

A. CXXXV. La femme s'accomplit dans la proportion où, sans fuir l'homme, elle ne le ressent que s'il incarne de l'idée ou de l'art.

Si tu compares, ma sœur, les paroles de *Comment on devient Mage*, tu verras que je ne te maltraite point et que j'applique les principes de la même ascèse : nul être, homme ou femme, ne vaut par lui-même, et l'unique mérite de chacun s'appelle beauté, bonté et intelligence.

La femme vit entière dans le présent : le passé ne l'enseigne pas, l'avenir ne sollicite que ses soucis d'intérêt, et dès le dix-septième siècle on n'a plus vu la belle préoccupation de source idéale qui occupa le cœur des princesses italiennes.

Si on pénètre au détail de la Renaissance, à côté du pullulement des hommes extraordinaires apparaît une floraison féminine incomparable : vraiment l'Italie a produit presque toutes les fées, elle a donné presque tous les chefs-d'œuvre. Inutilement je proposerais ces modèles. A une époque où Pétrarque, Léonard et Dante seraient rasés, casernés et balaieraient les latrines ; à une époque où Marsile Ficin serait correcteur des classiques Colin, les mœurs s'opposent à la beauté de la vie, et tandis que l'artiste, forcé à vivre sur le nombre de ses admirateurs, évalue strictement le rapport d'une œuvre selon sa médiocrité, la femme réduite à se créer une idéalité, à l'encontre de son atmosphère morale, mérite l'indulgence dès qu'elle s'efforce.

Aucun discernement ne l'avertit de la valeur d'un être ; son sexe seul vibratil ne prévoit pas un avenir, tandis qu'il s'émeut toujours devant la célébrité.

Laid, vieux, impossible, l'homme célèbre exerce une attraction spéciale exclusivement nerveuse, qu'il ait tué sa femme, joué les Scapin avec succès ou fait des chefs-d'œuvre.

Après le martyre des Templiers, l'Ordre, brisé dans son évolution religieuse, se reforma sur un terrain profane, et les corporations d'art se mêlèrent encore au destin occidental, mais sous la forme insaisissable de l'intrigue.

Je ne peux ici évoquer le Papegault, les Gouliards, et les Lanternois, ni, « escribouille de poulpre », établir que du onzième jusqu'à la fin du seizième, les architectes ont été une des grandes puissances européennes.

A. CXXXVI. La gloire de la femme, c'est d'être aimée d'un homme glorieux.

Malheureusement celles qui ont le bon goût de la gloire, obéissant à cet instinct de propriété invincible, cherchent à accaparer les minutes mêmes d'une vie remarquable, au lieu de se refléter dans l'œuvre.

Reçois-en l'avis préservateur.

A. CXXXVII. L'homme supérieur aime toujours mal, à moins que l'amour ne l'infériorise ; et la femme initiée ne souhaitera que sa dilection intellectuelle, non pas sa passion.

Béatrice a passé devant l'esprit de Dante et cette vision d'enfance a suffi pour créer le plus beau et le plus vivant reflet de féminité de l'art entier : vois au contraire comme la Fornarina fait triste vignette dans la vie de Raphaël et admire Léonard de Vinci, cet homme subtil dont nous ignorons si le cœur a jamais battu d'un autre amour que celui du mystère. Vraiment, Monna Lisa, la très intelligente sourieuse, ne songea pas à bêtifier ce surhumain génie, c'était impossible ; mais son intérêt l'en dissuadait d'avance. Il fallait séduire le génie de Léonard et non messer Léonardo ; il fallait recevoir de lui l'immortalité et non le baiser. Fais ainsi avec tous les intellectuels, ne vise pas leur cœur, mais leur pensée ; elle rayonnera sur toi lumineuse et fécondante, au lieu que la passion, étant, comme pour le prêtre, un sacrilège, elle ne produira que du désordre.

L'homme de pensée et d'art naît célibataire, et Platon, qui interdit de s'engendrer selon le corps aux engendreurs de l'esprit, trouve place auprès de lui pour des sœurs attentives, mais momentanées. La solitude morale est la loi de toute puissance verbale ; la femme interviendra sans s'attarder en de semblables existences.

Je semble ne penser qu'à l'intérêt du mage, et crois-tu donc que, dans le phénomène passionnel, chacun ne porte pas la peine de l'autre ? Les esprits réfléchis ne feront pas un mariage d'affaires, insoucieux des sentiments du partenaire. Crois bien que nul n'est assez fortement trempé pour être heureux à côté d'un malheur, et que la solidarité d'existence crée une indissolubilité de tristesse ou de joie.

A. CXXXVIII.   La femme doit passer dans la vie des intel-
lectuels et rester dans la vie des autres.

Remarque-le, les épouses du génie ne sont pas illustres, la postérité désapprouve inconsciemment qu'une femme borne un destin : j'ai cherché dans les anales une femme qui ait protégé le génie
sans l'aimer sexuellement, et je cherche encore.

Ta sensibilité a sa cote — deux sous, deux louis — suivant ta
vanité et l'insistance du quêteur ; mais le don qui sauve, la charité
d'un coup rédemptrice d'une vie, tu l'ignores. Quand je songe que
les femmes de France n'ont pas payé les dettes de Lamartine, un
seul mot me vient, mot de rue, laid comme son sens, rosses !

A. CXXXIX. La femme doit partager ses dons et ses soins entre
la religion et l'art, parce que, sans l'église et la biblio-
thèque, elle serait réduite à la femellité.

Une façon de servir l'idéal serait de reconquérir de l'influence
mondaine. Vraiment, ma sœur, que deviennent ta fierté et ton bon
sens ? Ingrate envers les génies qui t'ont comblée des dons ines-
timables de la poésie, tu ne réclames rien de toute la cohue des
ministres, des généraux, des magistrats : tu n'as pas assez de crédit
pour faire exempter de deux jours de prison les militaires que tu
combles de tes faveurs, et tu n'en tirerais pas un acquittement au
conseil de guerre.

O butorde, que ne puis-je t'ouvrir les yeux ; la ménagerie des
fonctionnaires, l'écurie des mondains, et ceux de la caserne et ceux
du port et ceux du palais et tous ceux qui n'existent pas, du prési-
dent au général, ce tas d'hommes devraient vivre prosternés sur tes
mules, ce tas d'êtres animiques, vides comme toi, mais plus laids,

sont ceux qui jouissent de ta beauté, de ton sourire, de tes prestiges : tu es tout pour eux puisqu'ils ne pensent pas. Soumets-les
donc, ton caprice vaut leur volonté perverse.

Holà ! Kundry, debout ! Hola ! vois là-bas cet homme-chèque,
un Rotschild, un Hirsch, un Van del Bilt ; sus ! sus aux millions
impurs, sus aux imbéciles, sus à Bonhomet, à Prud'homme, à
Homais !

Saccage ces existences, disperse ces fortunes, anémie ces cer-
velles ; sois le châtiment, la femme montée sur la bête de l'Apocalypse.

Je te promets, si ta monstruosité dévore ces monstres, je te promets une sorte d'assurance idéale du salut, pourvu que tu fasses
revivre une abbaye, pourvu que tu donnes à Dieu une part de ton
butin.

A. CXL.   *La femme a la mission de décomposer les êtres de ténè-*
            bres qui détiennent la lumière et l'or.

Celle qui ruinera les Rotschild sera glorieuse. Je jure de rechercher le calame d'Isocrate pour son panégyrique.

Je t'enseigne à respecter l'intelligence et la vertu, à servir Dieu
et l'art contre les profanateurs de l'or : marche, Kundry.

Marche aussi pour soutenir l'individu contre la société, sauve
l'intellectuel de l'armée, de la prison et des examens ; corromps,
suivant ta norme, toutes les raisons d'État pour aider à la raison
divine.

Vénus, Euploia qui favorises les navigateurs, comme Hercule
à la recherche des bœufs de Géryon planta ses colonnes fameuses,
établis ta mémoire dans l'art de ton temps, aux cœurs des génies
de ton temps. Vois ce que serait une Sœur de Charité parmi les

êtres de rêve et d'œuvre, inaugure dans la bonté, invente Esther, Hypathia ou Béatrice!

Ce qu'il y a de plus noble après la mère, c'est la sœur; évoque celle de Chateaubriand et Eugénie de Guérin, pour t'instruire de la vraie passionnalité.

Au cours de ce chapitre, j'ai sûrement scandalisé plusieurs genres de lecteurs; j'ai semblé pervers et passionné en mes conseils, et surtout montrer des voies qui ne mènent pas au salut. Ne sais-tu pas que, pour te tirer de ton inertie, je dois employer des moyens douteux comme ton propre cœur; et comme tu ne réaliseras rien sans une volonté mâle qui te pousse, le Klingsor de lumière, mon pair ou mon disciple, sauta te garder du mal, même en le déchaînant.

La gloire est toujours un risque d'âme; quiconque sort des rangs et va seul battant l'estrade sera jugé isolément; pais avec le troupeau, si tous les généreux desseins n'agitent pas ta gorge. La gloire appartient aux violents et aux téméraires: c'est le destin satanique; les élus seuls y triomphent, les autres y périssent, et la féerie, non plus que la magie, ne comporte ni sécurité, ni garantie: la gloire, c'est l'Argo où monte Satan, et non la douce paix du béguinage ou la mondanité.

CONCORDANCE CATHOLIQUE

ARCANE SEPTODÉNAIRE

Dans l'admirable Autrefois oriental, la gloire était sacrée et la religion donnait la main au prêtre presque génie : ainsi évoluèrent les Égyptiens, les Sémites, les Aryas eux-mêmes. Le sacerdoce englobait toutes les formes de l'intellectualité et pas un mode de la culture qui ne portait la marque auguste des temples.

Hélas, ce mariage fécond du mystère et de l'art a cessé par un scandaleux divorce, et dès lors l'art est devenu profane et la religion inesthétique : on a vu l'anarchie désorienter la haute culture.

Le devoir de lumière est aujourd'hui de sanctifier l'art et d'esthétiser la foi, et un ordre est né pour l'accomplir, la Rose † Croix du Temple et du Graal.

Quel téméraire oserait assurer qu'il faut sacrifier le chef-d'œuvre à la morale, ou la morale au chef-d'œuvre ? Il n'y a de bonnes mœurs que les belles mœurs, il n'y a pas de chef-d'œuvre impie.

Quel que soit le jugement premier qu'on porte sur l'art de la féerie, nul ne disconviendra qu'il y a logique et profit à canaliser les forces mondaines, à les esthétiser selon les normes.

Des êtres et des choses que la religion rejette comme impures, la magie sait encore tirer du beau ou de la force, et la mondaine abandonnée par le clergé peut encore collaborer à l'œuvre divine sous le commandement de la clergie.

XI

LA MANIÈRE, OU DES ENNEMIS

Onomie vénusiaque : Androphone.
Héraclisme : Pommes d'or.
Signe : Le Capricorne.
Arcane : Octodénaire.

Une femme a pour ennemis toutes les femmes, plus les hommes qui la croient possible et qui ne l'ont pas. Il s'agit donc, pour ne pas amener les haines du désir repoussé, de bien cacher les faveurs qu'on accorde et de ne pas légitimer par le cynisme les rancunes de désirs repoussés. Voilà ce que te dit la sagesse mondaine ; la magie, par le tableau du premier péché, te montre que ton seul ennemi c'est Nahash, cet absurde qui incessamment bourdonne et décrit des ellipses autour de la sensibilité, ce taon de mauvaise œstrie.

A. CXLI. *Pour conjurer Nahash, la femme doit réaliser son rôle complémentaire de l'homme avec bonne volonté, et emprunter les reflets de sa coquetterie morale soit à l'homme même, soit à la Khérubité, cette atmosphère intellectuelle dont le vertige incessant décrit autour de la vie sensible un orbe incitant d'idéalité.*

L'éducation retarde l'éclosion de la sensibilité, et la famille donne pour unique règle à la très jeune fille, que l'homme c'est l'ennemi, que l'épouser c'est le vaincre, et le mener se conduire en honnête femme.

Ainsi on ne parle de l'homme que pour armer la vierge en combativité contre lui : on spécule à l'avance sur ses sens ou sa faiblesse de caractère. Quelle est la jeune fille à marier qui n'escompte pas comme le plus clair de son avenir les concessions qu'elle obtiendra de son mari ? Or, cette entrée en sexualité ne produit qu'un triste résultat : l'homme en général, peu lucide dès qu'il aime ou seulement désire, s'abandonne ingénument à l'idée qu'il connaît enfin l'honnête fille, tandis que celle-ci se compose et calcule plus qu'une fille. Comment le mari ne serait-il pas maladroit en pareille occurrence ? Et sitôt la jeune épouse conçoit un grief spécial, celui de n'être pas comprise : voilà plus de malentendus qu'il n'en faut pour aboutir au malheur ou divorce.

Si la jeune femme s'appliquait à chercher en quoi elle complète son mari, en quoi son mari la complète, l'harmonie viendrait entre eux.

On n'a pas encore, même au pays jaune, inventé le duel perpétuel à coups d'épingles, on ne trouverait pas deux ennemis capables de vivre toute leur vie à se pincer toutes les heures, et on trouve des millions d'époux, en vertu de cette loi, déjà formulée, que la douleur qui nous vient d'une fluidité de nom contraire se supporte indéfiniment.

Le leurre que Schopenhauer a vu dans la volupté, — il faut être professeur d'Université pour croire que la nature confie ses intérêts à un facteur si douteux, — existe seulement dans les polarités du phénomène sensible, car telle et la propriété des deux électricités humaines, que la colère entre époux aboutit toujours au spasme si elle est violente et prolongée.

« C'est un bourreau caché que notre ange gardien, » a dit Musset, par une de ces divinations confuses du génie, si admirables et si fréquentes dans Baudelaire.

Soyez béni, mon Dieu, qui donnez la souffrance pour le mage, l'enfer c'est le néant et le néant l'emporte en horreur sur toutes les inventions de supplice d'un dominicain espagnol; toutefois, menacés du néant, la plupart des êtres n'en seront pas frappés; il faut penser, pour voir le gouffre terrifiant qui s'ouvre à ce mot: néant.

De même, pour l'initié, l'amour est le *leit motiv* universellement accepté du douloir. L'amour, c'est de la souffrance provoquée et la plus terrible menace qu'on puisse faire à un cerveau: « Tu vas aimer et être aimé! » Cependant les mêmes êtres qui tremblent devant l'enfer, ses chaudières, sa poix et son plomb fondu, vont à l'amour en chantant et en reviennent sans s'être aperçus de cette période purgative.

Toute dévote redoute le démon, les vies de saints fourmillent d'épisodes diaboliques, et les êtres les plus près de Dieu ne sont pas encore à l'abri de Sathan; l'occultisme envisage et ses instincts sériels et le méphitisme ambiant et le jeu inflexible des causes secondes autour de son faible libre arbitre: et il a grand peur de Nahash, et la métaphysique lui suffit à peine à s'en défendre.

Dans ce parti pris de parallèle ésotérique et exotérique de la même question, l'amour est la recherche du bonheur en autrui, pour les simples; l'hermétiste sait que le bonheur c'est le non-désir des contingences et la surélévation animique, et l'amour ne lui cache pas le caractère simplement de condensation de parties séparées.

Les tronçons du serpent cherchent à se rejoindre et l'être humain ne sentirait pas la même imitation ?

Cette incitation se produit par instinct, passion et raison ; l'instinct et la passion seuls agissent d'ordinaire en un double aveuglement.

Une pression de main, un baiser, a été un tel ébranlement de la sensibilité ; l'unisson des âmes ou des corps a produit un état si paradisiaque, qu'illusionnés, les amants inconscients du but et enivrés du moyen se persuadent que le bonheur dépend de la présence perpétuelle, de l'intimité et de l'étreinte. Mais voici que la fragile et momentanée fusion des deux êtres cesse, leur personnalité bientôt diverge, ils s'obstinent cependant à voir dans l'androgynéité artificielle une possibilité de durée : la douleur se révèle et régnera désormais, salutaire aux simples, désastreuse aux subtils.

Le mariage est appelé remède à la concupiscence par cette admirable Église qui cache tant de lumière sous ses calmes appellations, et le mariage ne doit pas être autre chose que l'extinction du désir complémentaire.

Quant à l'amour, ce poème dialogué et mimé que tout l'univers s'obstine à jouer si dangereusement, ce n'est qu'une culture de la sensibilité très usuelle inventée par les artistes. Remarque, ma sœur, que les très grands poètes, les primitifs, qui surgissent à l'aube des civilisations, n'ont jamais donné à l'amour l'importance qu'il a conquis chez les modernes : et la tare des poètes récents, c'est d'avoir chanté la femme pour elle-même. La Béatrice du Dante personnifie l'idéalité, tandis que Musset, Lamartine lui-même, célèbrent des femmes sans caractère allégorique. L'allégorie, voilà, ma sœur, le costume moral à revêtir, la toilette sentimentale à exécuter avec un soin infini.

A. CXLII. La femme n'est pas le but de l'homme, mais le moyen de son devenir immédiat; l'homme lui-même ne doit pas être le but de la femme, mais aussi le moyen de son devenir.

L'Écriture Sainte affirme qu'Adam-Eve, que la faute sépara en Adam et Eve, redeviendra Adam-Eve.

Quels sont donc les devoirs sexuels considérés hors de la famille? D'abord l'éveil de la sensibilité et le commencement de sa culture, ensuite l'extinction du désir, afin qu'un passionnement supérieur à l'amour survienne. Chaque fois que nous tentons de faire de l'absolu avec le relatif, du désordre, se produit.

Adam et Eve ne se réaliseront pas en eux-mêmes, mais en Dieu: leur réunion les sauve du vertige, elle est nécessaire, mais ce n'est qu'une condition de leur devenir.

A. CXLIII. La poésie doit s'émouvoir à un autre mobile que la sexualité: elle est d'essence spirituelle et ne se réalisera jamais sur le terrain organique, complémentaire.

L'indulgence et non l'aveugle illusion, voilà l'état d'âme de la vraie vie animique: dans le phénomène passionnel, l'injustice et la haine surgissent parce que chacun y apporte un désir irréalisable. Trompés par l'impression très vive de la rencontre et de l'intimité, les amants, n'ayant jamais atteint auparavant un état d'âme aussi extraordinaire, se figurent avoir découvert le Panchreste, comme des spectateurs qui ne verraient du Rheingold que la scène initiale des filles du Rhin et qui ne voudraient pas en entendre davantage.

A. CXLIV. L'attraction sexuelle est la tendance moléculaire de groupement manifestée sur un plan supérieur : l'homme et la femme obéissent à la norme d'agrégat en se recherchant ; mais ils ne se trouvent et ne s'agrègent que pour s'affranchir de l'inquiet désir complémentaire et l'éteindre par le mariage ou l'amour.

Tu as vu, ma sœur, en comparant ce *comment on devient fée* au *Comment on devient Mage*, que j'ai réservé pour ton enchiridion toute la science érotique, car si le Mage a son évolution dans une sphère supérieure à l'affectivité, la Fée reste femme et s'accomplit en binaire en épousant l'idéal en un mariage mystique, au lieu de suivre son pauvre intérêt et son fol instinct.

Sois donc sororale à l'homme, soit qu'il rayonne sur ton âme et la féconde, soit qu'il agisse sur ta vie et te donne le luxe : je ne puis te livrer que les mauvais riches et les fonctionnaires sociaux : ceux-là, fais en carnage, sois leur fléau.

En envisageant tout de suite si un être correspond à ton destin ou à l'idéal, tu t'éviteras d'inutiles péchés : certes ton bonheur, ou ce que tu nommes ainsi, voudrait un être enfermant en lui destin et idéal ; je ne puis te convier à une pareille rareté.

Le beau et l'utile se rencontrent peu mêlés, et, dans l'histoire, je cherche sans le trouver celui qui pourrait donner à une femme la fortune avec l'immortalité.

La grande hétaïre, après la mort de Périclès, agit en Circé de lumière sur un Lysicles, marchand de bestiaux, qui devint un personnage ; intéresse-toi à ton époux, sois-lui reconnaissante du luxe :

il te donnera l'or sans lequel il n'y a pas de féerie. Car de très belles âmes passent en ce monde ignorées et stériles, faute d'une circonstance ; le mauvais train que marche l'humanité n'a pas d'autre cause que la mauvaise situation sociale et native des êtres de lumière : qui ne connaît de meilleurs êtres dans la vie privée que ceux de la vie publique ? Voilà pourquoi la féerie vient fomenter des ambitions non pareilles chez la femme, et les satisferait-elle par les communs et bas moyens, si son but est idéal elle sera pardonnée et peut être glorifiée.

Non, l'homme n'est pas l'ennemi : d'ordinaire aussi inconscient que toi, il obéit à ton invitation et goûte aux fruits que tu lui tends, fruits amers, fruits empoisonnés ; car tu ne saurais discerner, parmi les reflets de l'au-delà, les lueurs de perdition de la vraie lumière.

A. CXLV.   La femme n'a le droit de détourner à son profit que des activités inférieures ; et dès qu'elle occupe dans une âme la place de l'art et du mystère, elle usurpe et devient sacrilège.

Vénus androphone, tueuse d'hommes, à la recherche des pommes d'or, il faut comme Hercule exterminer ce vautour, fils de Typhon, et d'Echidna, qui ronge le flanc de Prométhée. On ne conquiert le fruit hespéridien qu'en semant sa route de prouesses et d'actes justiciers : sois la chevalière d'amour, en te souvenant qu'en amour, le faible, ô femme, c'est l'homme ; chrétienne, ne fais pas les prestiges contre le chrétien ; n'essaye pas de jouer à la Dame de la Montagne, tu n'as pas droit au fanatisme. Reçois la lumière des esprits, reçois l'or des médiocres, et offre ton prisme colorant aux idées, et officie la grâce devant les instructifs.

Ton seul ennemi, femme, c'est Nahash, le tourbillon de l'expir élémentaire, ce Nahash qui incita Aïscha à la première témérité. Dès que tu échappes à ton positif, ta passivité te rend la proie des vertiges ; tu l'as vu dans le récit mosaïque, dès que tu as été séparée d'Adam.

Sois donc toujours orientée sur un homme ou bien sur la Khérubité, qui est le Nahash de lumière, la bonne Méduse, le réservoir des intuitions nobles.

Cesse de demander à l'homme que tu épouseras le rêve que la religion et l'art te prodigueront, et cherche la nourriture idéale dans le mystique de la vertu ou de la beauté ; et pour être sainte comme pour être belle ; confie-toi en ton sourire : tu n'es forte que si tu charmes, tu ne charmes vraiment que si tu te pares d'affichets éternels, c'est-à-dire d'aspirations suprêmes.

CONCORDANCE CATHOLIQUE

ARCANE OCTODÉNAIRE

Quelle sagesse se révèle pour l'initié dans toute l'apparente sévérité de l'Église ; seul, l'initié se rend compte combien ce qui paraît dicté par une aveugle ardeur de perfection, réalise l'intérêt de l'être au sens le plus égoïste et pratique du mot.

Même je n'hésite pas à étonner : le laïque, celui qui navigue sur la mer des passions du siècle, seul témoignera avec assez d'enthousiasme de l'utilité et du bénéfice des commandements religieux.

Il y a deux preuves d'une vérité : sa raison et ses effets. L'office du mage, c'est d'encadrer les effets religieux dans la rationalité hermétique.

Viendra-t-il le jour où les cardinaux très artistes et les artistes très religieux mêleront leurs iconostases, où le génie et le saint auront un égal autel.

Alors la négation se taira, l'hérésie ne se produira plus, et le catholicisme, qui de nos jours évolue en féminité, reconnaîtra l'intelligence comme sa digne épouse : et ce sera fête parmi l'éther, dans tous les mondes, quand l'inimitié aura cessé entre la femme et l'homme, entre l'intelligence et la foi, entre l'abstrait et la charité qui sont une seule et même personne en Dieu !

XII

L'ACCOMPAGNEMENT OU DE LA PROVIDENCE

Onomie vénusiaque: Uranie.
Héraclisme: Descente aux enfers.
Signe: Les Poissons.
Arcane: Nonodénaire.

C'est ici que je vais révéler le grand arcane seulement entrevu par toi au cours de cette ascèse qui va finir ; c'est ici que je sollicite toute la force de ton âme, je vais frapper et ton cœur va mourir. L'évidence révèle la mort, la voici d'avance formulée.

Lorsque tu as senti la solitude lourde et que l'heure t'a semblé si lente au sablier d'ennui, tu as aspiré à un être qui te défendit contre toi-même, qui te hâtât par la joie le cours de l'heure.

Cet être est près de toi, il te contemple, il t'incante, il t'échauffe : tu parais tout pour lui ; il est bien tout pour toi. O moment admirable ! Mais voici qu'il s'éloigne, et sitôt se lèvent dans ton âme crainte, soupçon, jalousie, et des Euménides hurlantes. Désormais tu trembles qu'il ne t'oublie ou qu'une autre femme ne le séduise ;

désormais tu souffres, mais tu préfères cette douleur au vide qui la précède.

Regarde ces yeux qui te désirent, pleins d'animalité et d'obscuration, l'intelligence s'est arrêtée pour que ce regard soit possible.

Vois cette bouche entrouverte et séchée où la respiration siffle, ce n'est pas le rictus du bonheur.

Vois sous ta caresse ces frissons nerveux et l'angoisse du visage, jusqu'au balbutiement qui semble celui d'un supplicié : et cependant voilà la volupté, voilà ce que l'humanité depuis sept mille ans considère comme l'anticipation paradisiaque.

Hélas ! hélas ! du désir qui gémit au plaisir qui pleure, tu n'as vécu que des tortures, tu n'as fait vivre que des maux. Certes, tu pourrais te leurrer toujours ou longtemps, je ne viendrais pas te souligner l'affreux réel. Mais toi-même, dès que la vivacité de la vibration cesse, tu te sens oppressée de folie : idole incohérente ou criminelle amante, que ferais-tu sinon du mal ?

Si tu es fée et si tu aimes, tu sauras que tu entres dans les pires conditions d'injustice envers un être lui-même au plus bas de sa personnalité s'il répond à ton amour.

Malade, ménage cet autre malade, — ton amant, folle ! — profite de ce qui te reste de raison pour ne pas blesser ce fou ; misérable Aïscha, sois douce à l'Aïsch pitoyable.

L'Amour est le grand éclat de la misère humaine, l'évidence de notre obscur principe, la révélation du dam terrestre : que la tristesse et la bonté soient paranymphes, et chasse les souvenirs du théâtre et du luxe. Tristan et Yseult ne peuvent vivre, même dans l'œuvre d'art ; penses-tu les réaliser dans la vie ? Siegfried parjure et Brunehild meurtrière, voilà le sort des amants qui vivent même dans la fiction. Non, l'heure où un homme défaille à tes pieds n'est pas l'heure du poème, mais celle de la pitié.

Ah! ma sœur, toute ta bonté suffirait-elle à adoucir le supplice d'amour? Je ne suis pas un prêtre que la vertu empêche d'entendre la passion; je ne suis pas un moraliste timoré qui s'effraie devant le danger de l'âme. Nocher tenant la mer, je ne donne que l'avis d'un pilote; ne prendre jamais ton cap sur la passion.

Sois belle et que ta grâce rayonne, sois tendre et sollicite l'amitié, conquiers l'hommage, mais que ta beauté, ta grâce, ta tendresse soient les servantes de l'idéal.

A. CXLVI. L'amour devrait être la forme la plus vive de la charité, parce qu'il correspond à la plus grande détresse de l'âme.

Songe, ma sœur, que le désemparement suppose l'hallucination sentimentale. Vois cet être cultivé, qui a les livres, les musées, les églises, qui peut prier, rêver et méditer, et qui pantèle et désespère parce que tu as froncé les sourcils; songe, ma sœur, à l'abîme de déchéance où te voilà descendue; toi-même n'arrives-tu pas à croire que ton air respirable, c'est le souffle d'un homme? Quel ciel est dans ses yeux? Comment ne pas souffrir en ces maladies?

Il serait moins fou de demander à la Niké de te prendre dans ses bras et de te baiser de ses lèvres, que de demander à un être la poésie et le mystère.

A. CXLVII. La haute culture étant ce développement de l'esprit qui diminue notre obéissance aux instincts, l'être cultivé doit réformer sa sensibilité ainsi : sentimentaliser ses sensations, spiritualiser ses sentiments, afin d'échapper à l'instinct par la tendresse, et à la tendresse elle-même par la pensée.

Réduire l'amour à la stricte culture de la sensibilité, ne lui laisser que ce qui ne peut être donné à l'art et à la charité : telle est la sagesse.

Or, qu'est-ce qui ne peut être donné à l'Art, si ce n'est cette fermentation double des sens et des sentiments, qui naissent de la présence et de l'impudeur décorative de la femme ?

A. CXLVIII.   Les yeux seuls de l'homme ne peuvent se passer de la femme parce qu'elle réalise la beauté en mouvement, laquelle active la cérébralité.

Le même point de vue au féminin donne :

A. CXLIX. La femme incapable de se déterminer autrement, envahie par le fluide positif, doit rechercher les plus hauts esprits afin de se faire orienter vers l'idéal, et comme elle ne se maintient également que par l'appui d'un courant mâle, il lui faut se parer du rayon des esprits pour opérer son prestige sur les âmes.

A. CL.   La femme féconde l'esprit de l'homme par ses formes et ses réflexes, comme l'homme féconde le corps et l'âme de la femme.

A. CLI.   Le rôle de la femme, au désir sexuel, est positif, puisqu'elle le provoque avant que de l'éprouver, et l'amour reste l'activité propre au binaire.

La fée, ma sœur, n'est donc ni l'amoureuse, ni l'idole ; se haussant un peu au-dessus de son instinct, elle envisage le plus beau personnage à jouer et s'y tient.

Or, ce qui fait le héros et la princesse, en réalité comme en art, c'est l'idéal qu'ils manifestent, ne l'oublie jamais.

A. CLII.   L'idéal réside à ne jamais être qu'un tremplin pour l'élan d'autrui vers l'au-delà et à ne demander à autrui que l'incitation supérieure.

L'amour en son sens grec d'Éros comprend tout le désir, et la passion ne vaut que comme le moyen inférieur d'émotion.

Ainsi, ma sœur, sache qu'il n'est jamais glorieux d'inspirer ou de ressentir de trop vifs sentiments, et que les mouvements de l'âme se jugent suivant leur tendance ascensionnelle : l'amour doit accomplir, élever et grandir l'être qu'il passionne, sinon c'est la démence suprême.

Je te promets autant de joies d'âmes que tu produiras de beaux prétextes sur les esprits, autant d'hommages que tu refléteras d'idéalité.

Vois où ton désir monte ou s'arrête.

Si tu veux être absurde, singer l'homme et le soumettre à la question sexuelle, je te borne à l'inférieur, auprès duquel tu as mission de tortionnaire. Compare ma parole aux néophytes et tu verras que je t'ai imposé la même règle donnée à l'homme, toutefois j'ai dû frapper ton prestige d'un éclat de feu qui le purifie ou le consume. Mon disciple, et même mon lecteur, résistera à ton emprise : l'infériorité de l'amour, démontrée, te dénimbe, et il te faut désormais être noble, bonne, idéale comme un homme pour valoir.

Certes, ma profération de vérité sera couverte par la clameur des souteneurs littéraires : trop de gens vivent de l'amour écrit, peint et chanté, comme tu vis de l'amour perpétré et animique.

Va au néant, jouet de Nahash, et sois dévoré par les forces que tu auras provoquées, va, binaire, va molécule d'aimantation passive, impersonnelle et vaine. Dame Tout-le-Monde, tu ne fus jamais un être, tu n'es que la particule d'une espèce ; que le vulgaire courant des choses t'entraîne au schéol, éternel féminin, dynamisme incohérent ; Femme-Chose !

Toi que j'aperçois, déjà éblouie du beau devenir, attristée d'aujourd'hui, extasiée de demain, mon élève encore un temps peut-être, un jour ma pairesse et ma sœur : ô toi qui seras fée, salut ! Chère âme qui as senti le désir de charité sublimiser l'amour en ton désir, âme douce et souriante, âme belle et bénie, future amante de charité, toi que les passions vont quitter pour laisser place à l'idéal suprême, salut ! Réflexe admirable que mon verbe a fécondé, âme subtile et paisible, belle éprise de la gloire et du mystère, fiancée de l'au-delà, sainte Catherine de l'art, servante de l'Absolu, religieuse, toi par qui beaucoup seraient sauvés de l'amour, sorte d'ange profane, salut, salut, Fée ! Aux prestiges, aux charités, sois la prêtresse orphique : je t'ai ouvert la voie du mystère joyeux.

Un jour que j'espère proche, si tu rencontres un intellectuel et que l'attraction l'un vers l'autre vous penche, tu donneras ta main ou tes lèvres, sans un serment, sans un repli de ruse, et, malade du désir, tu étreindras ou repousseras le malade du même désir.

Aie pitié de qui t'aime, non pas en te donnant, mais avoue que tu n'es rien qu'un pâle reflet, une lueur d'idéal, et refuse le culte qu'on voudrait te rendre et qui appartient au seul Abstrait.

Aie pitié de toi-même, n'accueille pas la folle passion qui te fait malheureuse et te rend funeste.

Contre ce rôle de victime-bourelle, révolte-toi. Tu peux refuser ton âme aux dislocations de la sexualité, tu peux refuser d'être la claie où se couchera un patient.

Même en amour, ô ma sœur, plus d'amour! de la miséricorde: sois sublime, et de tes mains arrache tes oripeaux sacrilèges, prêtresse de Shiva, refuse de sacrificier, repousse la hache.

Force la Douleur à jeter son masque érotique pour t'en défendre; et le jour où tu ne croiras plus à l'hérésie d'amour, le chœur des anges viendra baiser ton âme et le divin Supplicié sourira. Rafraîchis son gibet de gloire: car, ce jour, le sacrifice du Calvaire aura triomphé entièrement, et la charité resplendira sur les ruines de l'amour.

O toi, la plus ancienne des Parques, qui refuse le vin à tes libations, Uranie, toi qui n'eus pas de mère, rayonne sur cette descente aux enfers de mon imagination.

Je ne suis pas le sachant par pitié, le pur fou élu du Saint-Esprit; mais, comme Parsifal, j'ai vu souffrir Amfortas, et, sous le baiser de Kundry, j'ai entendu la terrible plainte, j'ai revu la plaie saignante, et, exaltant en moi la subtilité, comme le fils d'Hezeleide appelle au secours de son vœu toute sa charité, j'ai fait sur l'enchantement de Nahash-Klingsor et sur Kundry le signe salutaire: du temple d'Amour nul vestige; et seules floraisons du désert immense, çà et là, vermeilles et, naissantes, des fleurs du Vendredi Saint, les Rose†Croix.

Maintenant Nahash-Klingsor invente de nouveaux prestiges; les filles-fleurs de Kundry elle-même ne pourront rien contre les chevaliers.

Oui, Kundry elle-même ne sera plus qu'une pitié pour le cœur et un spectacle pour l'esprit; et sa bouche, un fruit plus savoureux que la pêche et sans plus d'importance.

Pour obtenir la moindre tendresse il faut que sa beauté et son charme montrent le chemin de Montsalvat.

Arrière, Klingsor : la douleur, de l'âme consentie, acceptée, aimée, seule, peut payer la dette d'immortalité, et si tu t'empares de cette norme afin de diminuer les mérites et de retarder le devenir, les souffrants par amour se sauvent strictement ; seuls resplendissent les souffrants par pitié ; et voici que je révèle ton secret, vil sorcier, infime Nahash, et voici que je reconquiers la Sainte Lance de la sensibilité et je la rends à l'Idéal, charité, art et mystère, triple reflet du Graal dont je renouvelle la chevalerie par la grâce de Dieu le Saint-Esprit.

CONCORDANCE CATHOLIQUE

ARCANE NONODÉNAIRE

Mon Seigneur Jésus-Christ, roi des mondes et maître du ciel, a souffert sa Passion afin de nous apprendre à aimer la douleur, à l'affronter, et dès lors à rejeter l'amour, inutile prestige pour des chrétiens qui savent que souffrir c'est se diviniser.

Mon Seigneur Jésus-Christ n'a pas touché à la vérité métaphysique, héritage de la révélation primitive, toujours gardé pieusement par quelques cerveaux — il a touché nos cœurs de son cœur de Dieu, et sitôt, toutes les passions se sont sublimées en un sentiment du ciel, la charité.

Ah! ma sœur, qu'il me soit pardonné de violenter les expressions pour exprimer une pensée si féconde; soit que tu donnes l'amour, soit que tu le reçoives, même au baiser, même à l'étreinte, sois sœur, sœur de charité.

Sois sœur de beauté, car ta charité à toi c'est d'être l'image attrayante pour les simples: tu es dans le domaine de la sensibilité, comme les sculptures des porches pour le peuple du moyen âge, tu es la bible des ignorants: n'offusque donc pas les yeux subtils, passe seulement devant leur regard et fais-leur hommage afin de mériter celui des ingénus, tes seuls vassaux, souviens-t-en!

LIVRE TROISIÈME

TERNAIRE

DU

SAINT-ESPRIT

LIVRE TROISIÈME

TERNAIRE
DU
SAINT-ESPRIT

Quoique le prêtre seul puisse toucher aux saintes espèces, si une hostie gisait dans la poussière, le moindre des chrétiens la prendrait pieusement en sa main.

(Constitution des trois ordres laïques de la Rose † Croix, du Temple et du Graal).

La marque du Saint-Esprit est la subtilité, comme la charité est celle du Fils et la volonté celle du Père. Aucune ne peut s'isoler des deux autres, mais la plus appropriée aux exigences du temps présent est la sainte subtilité.

(Comment on devient Mage).

I

L'ŒUVRE DU PÈRE

OU D'ESTHER

Au combat profane, si l'oriflamme échappe aux mains de l'enseigne, le dernier des miliciens le relève, le porte pendant tout l'engagement.

(Constitution des trois ordres laïques de la Rose † Croix, du Temple et du Graal).

J'ai vaincu la terreur du Sinaï auguste pour me mettre à genoux seul et plus près de toi.

LA QUESTE DU GRAAL, proses choisies de l'Éthopée.

Le Temple n'est pas seulement le lieu du miracle, il est aussi celui du chef-d'oeuvre.

TYPHONIA, XIᵉ roman de l'Éthopée.

I

L'ŒUVRE DU PÈRE

OU D'ESTHER

Dès qu'on parle de religion, le mosaïsme se dresse avec un caractère primordial qui a pu satisfaire l'époque de Bossuet, mais la fin du dix-neuvième siècle ne l'accepte pas. A chercher une cause à la reprise de haine contre les juifs, j'y verrais volontiers, si une raison métaphysique déterminait jamais des journalistes, une rébellion contre les usurpations historiques d'Israël.

Quelques poètes-penseurs de Kaldée et des Nabis, voilà ce que possède le peuple hébreu, mais ces poètes-penseurs et ces nabis aèdes ont témoigné d'un tel génie que l'humanité, soumise par une admiration sans autre exemple, a cru que Dieu lui-même avait inspiré ces écrivains sublimes : encore aujourd'hui, après la traduction des Kings, des Védas, des Avestas, après le rituel funéraire et les tablettes de Ninive, la Bible reste pour l'univers le livre par excellence, tellement les prodigieux artistes qui l'écrivirent y ont réalisé de splendeurs esthétiques.

Comme la femme, Israël doit sa naissance à un homme ; comme la femme aussi son empire sur les âmes, à des artistes sacrés.

Mieux persuadé que le plus dévot de l'importance inouïe des premiers chapitres de la Genèse et de la vision d'Ézéchiel, je déclare inutile de compromettre la Divinité dans les annales d'un petit peuple ou les épithalames d'un grand roi : ce qui rend la Bible un livre universel, c'est son art prodigieux (son mystère ? combien peu le pénètrent), car il porte un caractère ethnique et non universalité, alors que l'Evangile présente au contraire le cas unique d'un Verbe de tous et de toujours, d'une lumière de partout et perpétuel aliment divin de l'âme, que le sauvage comprendrait si sa sensibilité était ébranlée, tandis que le savant occidental s'agenouillera devant ce même texte.

Si la Bible m'apparaît le beau tableau dramatique où l'âme humaine apparaît aussi entière que diverse, ne faut-il pas s'y arrêter comme aux colonnes d'Hercule de l'Antiquité ?

Le peuple qui date du XVIIe siècle avant Jésus est récent : lorsqu'eut lieu d'Exode, les grandes nations avaient fini leur évolution.

La race rouge des Atlantes et son débris, l'Égypte ;

La race sémitique, Babylone et Ninive, Acadie et Assour, sans parler de l'histoire arya-touranienne de la Haute-Asie, finissaient : on peut dire qu'il y a encore plus d'histoire en deçà qu'au-delà d'Israël, ce fruit tardif, mais durable du génie kaldéen.

L'esprit humain, en identifiant la Bible avec la première période humaine, a obéi à une catégorisation abstraite. En laissant de côté l'irruption satanique parmi les mortels, qui amena le déluge en réservant le cataclysme Atlante[19], la montagne du Calvaire apparaît le point culminant, et la croix qui s'y dresse est comme le milliaire

---

19   Pour ces points, voyez la théorie de l'Aristocratie humaine dans *Istar*, et *Comment on devient Artiste*, troisième traité de l'Amphithéâtre des sciences mortes.

sublime qui finit un cycle en signifiant le nouveau. La conception sémitique de Jéhovah réalise, plus que toute autre, Dieu de Père et la lutte impie de la volonté de l'homme contre la Providence. Sauf l'observance des rites de ses Œlohim, le peuple mosaïque ignore la charité; il n'a des devoirs qu'envers ceux de sa race, et il faut qu'on lui recommande de ne pas oublier que ses Chérubins de l'Arche sont sortis du Temple du Soleil : *non abominaberis Ægyptum.*

Aucun peuple n'a poussé plus loin l'égoïsme national; Israël est citoyen de l'arche, abominablement national et cela suffisait à borner son rôle à être transitoire entre le cycle d'Orient et le cycle d'Occident.

Une seule femme a conquis la gloire en Israël, Esther : c'est la sainte, la bonne Lorraine du Mosaïsme, elle a un livre portant son nom, et je crois qu'on fête encore sa commémoration rituellement.

Et bien! en Mardochée grand politique, et Esther excellente courtisane, je ne vois qu'un patriote et une femme docile au premier destin d'un pays.

J'approuve Mardochée jetant aux sens du roi une vierge juive, qui, au milieu des caresses énervantes, lui arracha la merci de son peuple; mais Esther la véritable, non pas celle de Racine qui est une pure idéalité, a pensé sauver son peuple ou simplement devenir favorite, et il y a quelque difficulté à exprimer ceci; le dessein fait honneur à Mardochée, parce que le rôle de l'homme est de concevoir le salut à tout prix, pour ce qu'il croît la vérité; l'exécution donne une étrange idée d'Esther, car, de tout temps, l'honneur spécial à la femme, son caractère pur sang, a été de ne pouvoir subir la sensation sans la désirer : et comment eût-elle désiré l'ivrogne couronné qui la préféra à Wasthi? Celle-ci paraît avoir eu une pudeur, une dignité singulières, disgraciée pour n'avoir pas voulu se montrer nue et lascive aux compagnons de débauche du monarque.

Que fit Esther, sinon, après six mois de macérations dans les huiles et six mois dans les baumes, d'attaquer et d'envahir les sens d'un incirconcis pervers et blasé. Sa grandeur apparaît au résultat : elle consentit au dessein salutaire de Mardochée. Le grand patriarche de Kaldée abandonne sa femme au Pharaon ; pour sa sécurité il se dit son père : le public de boulevard accepterait mal cette donnée modernisée ; elle contient un enseignement profond, c'est qu'un être ne vaut pas par lui-même, mais seulement par son consentement à un beau dessein et à son utilité idéale. Or Esther et Sara ont consenti au salut de la race et de l'époux.

La femme ne devient une Esther que par l'influence d'un Mardochée, et le vieux Sémite emploie sa nièce sexuellement comme Catherine de Médicis emploiera ses demoiselles d'honneur.

Ainsi, à une époque qu'un appelle primitive, des personnages déclarés augustes professent par des actes éclatants qu'on mesure les choses par leur aboutissement et qu'il faut tirer le pur de l'impur. Au cours de l'Ancien Testament, tout devient légitime et sanctifiant qui sauve Israël ; le crime devient vertu et la perfidie admirable.

Cette doctrine formidable pour des chrétiens ne peut obtenir sa ratification de la métaphysique qu'ainsi formulée :

A. CLIII.   La règle qui permet d'enfreindre toutes les règles morales, c'est le cas du résultat abstrait. Mardochée, patriote juif, serait un simple Lebel, s'il n'était la volonté de lumière qui sauve la race monothéiste.

Je n'hésite pas à le déclarer : les femmes qui jettent si volontiers leurs cornettes par-dessus les moulins pour leur plaisir s'indigneraient si, un Luther survenant, un Mardochée les poussait à étouffer l'hérésie dans leurs bras.

Je profère ici des maximes redoutables qui ne devraient pas s'écrire : mais ceux qui ont qualité n'ont pas zèle, je jette au hasard des lecteurs des incitations étranges.

Oui, la vertu des femmes pèse un peu trop lourd sur les mœurs, et, qu'elles le sachent, il y a plus de grandeur parfois à la démentir qu'à la garder. De nos jours, le catholicisme ne trouverait pas une Esther, peut-être parce qu'il n'a pas de Mardochée.

J'ai enseigné au profit de l'art et de la civilisation la théorie des patriarches, seulement je l'ai réduite à la formule bénigne de la coquetterie.

Ce qu'il faut retenir du Vieux Testament en cette matière, c'est que la femme ne vaut rien comme espèce, peu comme individu, et peut valoir indéfiniment par son consentement et sa militation à l'idéal.

Au contraire de la doctrine Arya qui respecte le binaire et salue niaisement l'espèce, devant Dieu on ne se sauve que par des mérites ; qu'il en soit du moins ainsi devant la magie.

Admettons que par son consentement, Esther, s'égale à la conception de Mardochée ; mais faisons cette juive, chrétienne ; elle aurait préféré sa pudeur au salut de sa race. Eh bien, cessons d'exagérer des songeries mal conçues.

La vierge promet l'épouse et la mère ; mais sans la famille, que nous fait la chasteté d'une femme, sauf si elle se donne à Dieu ?

Réduisons à sa vraie proportion l'honnêteté féminine : il serait temps de prendre garde à un fait tout chrétien, et très épouvantable : l'égoïsme du salut. Ah ! pauvres dévots qui croyez qu'on se

sauve tout seul, qu'il suffit de se cantonner dans les pratiques minutieuses pour conquérir le Paradis, je ne donnerais pas mon effort
si hasardeux pour votre prudence étroite et votre belle régularité.
Le Grand Juge garde des miséricordes entières aux généreux et aux
téméraires; et si la perfection des formes ne se produit chez l'artiste qu'emmêlée à de la concupiscence, la formication de Raphaël
pèsera bien peu auprès de la Dispute du Saint-Sacrement; et si
Christophe Colomb n'a pas trouvé grâce devant la Rote ou autre
administration romaine, croyez que sa gloire dépasse au sein de
Dieu celle qui attend les cardinaux qui aujourd'hui le jugent.

Ces cardinaux qui déroutent la foi intelligente, obéiraient-ils à
cette pensée un peu trop grande pour eux : Colomb voulait donner
un monde à Jésus-Christ et la vérité à ce monde; — il a donné
à l'enfer la plus belle série de scélérats que la terre ait portée, et
à l'Amérique des soudards bourreaux? L'Espagne ne se relèvera
jamais; elle a taché l'Église des trois plus grands crimes de notre
ère : l'Inquisition et la conquête de la Colombie et la terreur des
Flandres.

Toute l'histoire ancienne se joue entre la Volonté et la
Providence : on n'y voit pas la Nécessité impérieuse comme
aujourd'hui, ni le Destin aussi déterminé : simplification admirable, la Théocratie empêchait l'erreur de frapper la médaille d'un
peuple à son effigie. L'Orient n'a pas connu l'égalité, le suffrage
universel, et l'esclavage national corporel; les institutions restèrent
magnifiques et normales; le mal venait des hommes, jamais de la
loi, tandis que de nos jours l'État dépasse l'abomination de ses
fonctionnaires, l'État est fou à cette heure, — jadis il fut déshonoré
par des fous, — ce qui diffère.

Les cadres de la société antique étaient excellents et la lumière ne manqua jamais au corps sacerdotal : un seul défaut perdit ces immenses civilisations, un défaut de sensibilité.

Les Mages gardaient la lumière oubliant que leur office est de la répandre dosée, appropriée ; et les Sars au cœur imparfait ne connurent jamais la pitié : l'égoïsme intellectuel, la cruauté du pouvoir ruinèrent ces sociétés basées aussi fermement que leurs édifices.

Entre l'avarice spirituelle du sacerdoce et l'état rudimentaire de l'âme royale, l'Orient se mit à pourrir, parce que l'idée et l'action ne sont que deux termes désordonnés si la sensibilité ne féconde pas l'un et ne modère pas l'autre. Littéralement, le Babylonien avait une âme de barbare, une sensibilité inculte.

En rejetant la femme sur le plan sexuel, ils éludèrent le problème passionnel ; c'était simple, mais désastreux, comme un refus d'obéir à la norme.

Le prêtre devait s'affranchir de l'amour de la femme pour donner son cœur au mystère ; mais le guerrier, le quelconque, en atrophiant la puissance féminine se priva d'âme. Comment l'Assyrien, tueur et chasseur, se serait-il accompli puisqu'il avait repoussé l'être qui l'eût complété. Les partis extrêmes perdent ceux qui les suivent, et faute d'avoir compris le rôle d'Aïscha, l'Aïsch oriental ne connut pas la perfection.

Je le répète, m'adressant à des imaginations déformantes de leur propre lecture, la femme est une moitié de l'homme, quoique inférieure ; et pour avoir le droit de l'écarter de sa vie et des mœurs, il faut déjà remplir par l'abstraction le vide de son Ruach.

Cependant, l'Orientale apparaît déjà, avec une grandeur que le christianisme ne pourra que parfaire : la maternité. Là, les merveilles se produisent, incessantes ; ni époque, ni lieu, ni mœurs ne barrent cette céleste sensibilité de la mère.

Subjuguée par le principe mâle tyrannique, la femme sut le corrompre, non pas le toucher ; et sa mission ne s'accomplit pas et l'Oriental ignora l'acceptation de la douleur : voilà pourquoi l'Église émet tant de doutes sur le salut de ce qu'elle appelle improprement les païens.

Tu as trois destins, ma sœur, mère, bourrèle et fée ; sous la règle du père, tu ne fus grande que par tes fils parce que cette grandeur, il n'appartenait pas à la volonté de l'homme de te l'enlever.

Ne te semblera-t-il pas à toi-même, après un peu de réflexion, que cette faculté d'attraction et ce pouvoir de volupté qui te sont propre correspondent à un vouloir divin : et quelle autre ? sinon de faire tomber sur la claie de ton corps cet être que son instinct éloigne de la souffrance ; et toi-même, semblablement attirée, crois-tu que cette faculté de te fixer et de te faire évanouir de spasmes, particulière à l'homme, soit autre chose que des normalités providentielles ?

Crois-tu donc qu'un seul de nos actes s'affranchisse des parallèles du devenir immortel : et que la vie soit autre que la série d'épreuves d'une initiation à l'immortalité ? Les ingénus vont frissonner sous l'aile de chauve-souris de l'obscurité, s'étourdir de voix caverneuses, s'effarer devant des fantômes. Eh ! que ne saisissaient-ils le sens de cette machinerie autrement extraordinaire, la passionnalité.

A. CLIV. L'homme ne s'accomplit que par l'abstrait ou par la femme.

Tant qu'il habite le monde des contingences, il ne saurait s'affranchir de la relativité sexuelle que par l'idéalité.

Ainsi, au grand passé oriental, c'est toi qui manques, absurdes ; toi qui devant les yeux de l'homme brutal dois agiter la rubescence de l'amour, et, ayant ainsi fatigué l'âme féroce de l'homme comme on fatigue les jarrets du taureau par ces incitations brusques et multipliées, l'efféminer jusqu'à ce qu'il connaisse la douleur et redoute de la donner. Ainsi, sous le règne du Père, l'humanité resta imparfaite parce que le principe féminin opprimé et trop vaincu ne put déterger l'homme de sa dureté native et le préparer à la divine charité, perfection de l'être.

II

L'ŒUVRE DU FILS
OU DE LA ROSE † CROIX

L'holocauste volontaire n'eût pas réalisé la rédemption : Dieu venu, c'était infiniment inespéré, quoique attendu. Il fallait que Dieu restât et Dieu est resté : *et Verbum caro factum est.*

La Cène sépare l'histoire humaine en zones définitives : en deçà on pouvait encore créer dans l'ordre religieux ; au delà il n'y a rien.

L'ANDROGYNE, VIIIe roman de l'Éthopée.

Fidèles dépositaires, nous rendrons à Pierre ces sublimités qui n'appartiennent qu'à lui dès qu'il tendra les mains pour les recevoir.

(Constitution des trois ordres laïques de la Rose † Croix, du Temple et du Graal).

Autant d'églises, autant de buissons ardents où Dieu peut apparaître aux Moïses.

TYPHONIA, XIe roman de l'Éthopée.

II

L'ŒUVRE DU FILS
OU DE LA ROSE † CROIX

Quelle splendeur auréole le mystère à l'Incarnation, et comme tout s'y opère de façon à cacher la femme dans la mère !

Cette naissance spirituelle dont je pourrais donner le scientificisme si je ne préférais m'enivrer moi-même de cette divine beauté au lieu de l'expliquer ; ce mariage de charité où mon glorieux patron, le Pythagoricien de la sainteté, le patron de la magie, s'élève lui-même si au-dessus du sexe, tout l'enseignement contenu en ces trois noms : Jésus, Marie, Joseph, je le veux révéler.

D'abord la Grèce possédait une allégorie prophétique de Bethléem : le mythe de Poros et Pœnia enfantant Éros.

A la naissance d'Aphrodite les dieux festoyèrent ; parmi eux Poros (le passé), fils de Métis (le souvenir), qui, enivré de nectar, s'endormit dans les jardins de l'Olympe.

Pœnia (le vide passif) se tenait à l'écart et apercevant Poros ivre et endormi, elle le viola, et ainsi Éros (le désir) naquit le même jour qu'Aphrodite (la beauté).

Ne retrouves-tu pas en ce symbole le même caractère de la fabulation mosaïque ? Seulement ici nous sommes en présence d'abstractions.

Pœnia, la femme, l'être du présent impérieux guettant le passé pour s'être fécondée et engendrant le désir, l'avenir en face de l'objet matériel, la beauté qui vient de naître à ce moment.

Au temps des mystères orphiques, je t'aurais dit : « O Pœnia, famélique et appétante nature, tiens-toi à la porte du banquet des idées, et sitôt que quelqu'une décroîtra en lumière et s'écartera du groupe, profite qu'elle est obscurcie pour la violer et recevoir en toi (présent) un germe du passé pour mettre au monde un avenir, un Éros. »

Ces figures imparfaites, je les abandonne pour trouver un plus fécond enseignement dans la très sainte famille.

Il y a l'imitation de Jésus-Christ et l'imitation de Marie, même celle de saint Joseph ; le bel ensemble de ce ternaire admirable a-t-il été oublié par la dévotion au sens abstrait ? J'instaure donc ici l'imitation de la sainte Famille.

A l'imitation de Marie et de Joseph, qui s'étaient unis pour s'aider à accomplir leur effort au profit du mystère, que prédomine toujours, ô femme, sur ton choix, le souci de t'associer un aide pour ton devenir plus encore que pour ta vie, et lors engendrez de votre unisson d'âme je dirais un Éros, chrétien, je dis un Jésus. Ce nom sacré, ce nom fulgurant comme pas un tonnerre et mieux parfumé que les roses, ce nom qui est le secret de l'univers, qu'il me soit permis de le familiariser avec l'humaine faiblesse, et d'appeler un Jésus tout dessein qui aboutit à la gloire du Christ, donnant un exemple actuel et très simple de désigner l'admiration, la compréhension de Lohengrin comme de beaux moyens de réjouir les Anges. Celui que le divin prélude jette moralement à genoux, celui qui entend en esprit le récit du Graal, reçoit un confort sacré qui le sauve du vulgaire, cette forme du mal, dans l'ordre du goût.

Puisque tu es ainsi faite, ma sœur, que l'émotion seule te meut et te féconde, demande au grand art ces mouvements de l'âme que l'Église pourrait donner et dont elle se prive par terreur de l'opinion protestante.

Fille du désir de l'homme, sois mère du désir d'au-delà, et que l'amour soit une mutuelle fermentation idéale.

Le plus horrible blasphème qu'on ait jamais proféré, l'abomination de toutes les hérésies, serait de prétendre que Jésus-Christ a senti pour Marie-Madeleine une autre tendresse que celle de sa charité sur toute l'humanité rayonnante.

Sans doute cette Pœnia profite de ce que la Divinité se trouvait enfermée dans la forme humaine pour s'en approcher; elle provoqua du Fils de l'homme beaucoup d'attention et de réponses, sans que le cœur qui aimait le monde particularisât son sentiment céleste, un moment, envers elle.

Jamais aucun Verbe sacré ne fut aussi mal entendu que celui de Notre-Seigneur: vainement il se contraignit à une simplicité incroyable.

En son nom, on osa instaurer le culte de la femme d'une pire sorte que l'Ionie.

Eh bien! j'ai montré le monde oriental manquant de la sensibilité, et d'une façon tout à fait générale le cœur dépend de l'action féminine. Je proclame ici que l'essence même du christianisme veut la ruine de l'amour sexuel et l'exorcisme de la passion.

Ce caractère qui apparaît dans la sainte Famille se continue à chaque phase de la vie du Christ et nul passage des Évangiles ne montre que le divin Maître ait admis la passionnalité. Son silence sur ce point était nécessaire, puisqu'il apportait à l'âme humaine un nouveau sentiment : la charité.

A. CLV.   *Le chrétien est celui qui transpose les mouvements naturels de l'âme en surnaturalité ou charité, l'attraction sexuelle est un phénomène nécessaire ; mais il faut introduire la surnaturalité ou charité.*

Comment, t'écries-tu en toi-même, voici maintenant qu'on ôte à l'amour son caractère de suprême indépendance et on le subordonne aux idées de bienfaisance et de miséricorde ! Et la belle gratuité, et la belle absurdité, et toute la démence précieuse, tout cela, ma sœur, je le disperse.

Si tu aimes, tu souffres, et je conseille de secourir ceux qui souffrent, si tu es aimée, tu fais souffrir, et je t'ordonne de veuillez à ce que tu enfantes dans l'âme de l'homme.

Ne cherche pas à presser mes paroles pour les déshonorer, je ne te pousse ni à céder à la passion, ni à lui résister ; il n'y a là aucune règle édictable dans l'ignorance du fait lui-même ; je ne veux que donner le sens d'une maladie de l'âme à l'amour sexuel, parce que la maladie est toujours une laideur et qu'ainsi je te dénimbe.

Oui, je te dénimbe ; l'or qui casquait ta tête, cet or emprunté à l'idéal, je veux le rendre à l'iconastase des saintes idées.

Jésus apporta un sentiment qui doit triompher des autres : et comme tu n'accomplis pas, depuis des siècles, même ton devoir esthétique, tu vas redescendre à ton plan sériel : aucun crédit ne sera fait à ton espèce.

Le chrétien et le philosophe s'indignent également à te voir abriter ta misérabilité sous le prestige unique de la très sainte Vierge ; la galanterie s'est autorisée de la dévotion, et parce qu'une femme, une seule a mis son pied sur la tête de Nahash, toutes les femmes se piètent en victorieuses du mal. Vraiment, l'audace me semble extraordinaire.

Tu ne comprends pas que par contact moral; et sans me fier à la véritable splendeur de ma doctrine je souhaite que tu croies en moi, sinon je n'opérerais par ta bonification. Or ton intérêt te pousse à déclarer diatribe et pamphlet la page qui gêne ton absurdité : et je cherche à te convaincre de la sereine sincérité de ce livre. J'ai déclaré la période d'avant Jésus imparfaite parce que tu n'y remplissais pas ton office de bourrèle; opprimée en tes tendances, tu ne pouvais accomplir ton rôle de binaire : certes voilà une preuve d'équité, et je la produis avec tout le relief possible, afin de t'imposer la constatation antithétique sur l'ère chrétienne.

Depuis Jésus la femme dépasse son office, le binaire usurpateur a conquis une trop grande part de l'âme moderne, que je viens réclamer.

Les prêtres éducateurs de Moise, comme les mages babyloniens, gardaient jalousement la vérité, ils furent les avares de l'idée, les thésauriseurs de la lumière : le grand Kaldéen donna la lumière à un seul peuple qu'il inventa.

Mais Israël, imitateur collectif du hiérophante d'Our ou de Memphis, s'attribua la vérité comme un patrimoine et pensa ne la donner jamais : là l'égoïsme national se manifesta égal au féodalisme sacerdotal.

Jésus parut, et un des traits qui le surélève au-dessus de tous les Démiurges, c'est assurément son assertion de venir pour tous les hommes, de ne pas être un patriote, un homme borné à sa tribu et à ses consanguins.

Moïse avait tiré la vérité hors du sanctuaire, Jésus la rayonna sur l'univers. Les fruits de cette entreprise désespérèrent l'admiration : quoique l'idée de progrès soit imbécile, il y a un point où vraiment la chrétienneté offre une amélioration sur ce qui précéda, et ce point c'est la sensibilité.

Non seulement l'âme du Sauveur adoucit l'âme humaine, mais elle lui communiqua cet esprit de sacrifice, ce concept d'expier pour autrui coupable et de mériter pour ceux qui déméritent. La solidarité des peuples date du fils de Marie ; et par là il a professé l'anti-patriotisme qui est le devoir de tous les êtres de bonté comme des subtils, il a professé aussi la nécessité de l'expansion bienfaisante. Les Pharisiens minutieux, observateurs de la loi, n'entreront pas au céleste royaume.

Nul ne se sauve qui ne sauve pas : voilà pourquoi Wagner a singulièrement compris l'Évangile en finissant *Parsifal* par de chœur : « Rédemption au Rédempteur. » Parsifal, l'initié de la charité, sera sauvé parce qu'il devient sauveur : je ne forcerai pas le sens de l'Evangile en avançant que l'on n'arrive jamais seul au devenir immortel et qu'il faut en entraîner d'autres avec soi pour entrer au paradis.

Or, si la femme instituée prêtresse de la sensibilité par Orphée, associée au dogme même en la personne de Marie, avait usé de son nimbe crucifère dans un sens idéal, que de maux évités !

Lorsque le pire scélérat de ce siècle, le monstre corse, faisait de tout Français de la chair à canon, et que ce boucher, qui taillait dans une nation, fumait la terre d'Europe par des monceaux de jeunes corps, quelle mère a su chercher d'un couteau providentiel la veine de ce Marat empereur ? Et de nos jours, quand le fils meurt au Tonkin pour les intérêts de quelques financiers véreux, que fait la mère : va-t-elle demander compte au chef de l'État de son enfant assassiné ?

C'est donc toi, femme, toi seule, qui es responsable des guerres ; toi seule peux tuer l'exécrable patrie en devenant la lionne du foyer. Défends tes fils, mauvaise mère, contre le Minotaure national, et siffle le « Qu'il mourût » de Corneille. On meurt pour Dieu et pour le pape, et on est grand, on s'appelle Polyeucte ou la Rochejaquelein : sinon, la citoyenne s'apparente à la tricoteuse.

Ah ! tu te demandes pourquoi je m'acharne contre la patrie : j'ai ma raison, elle dépasse ce que tu supposes : la patrie, c'est l'avatar de la déesse Raison ; la patrie, c'est cette chose que les athées ont voulu substituer à mon Seigneur Jésus-Christ ; la patrie, c'est l'antéchrist, ô femme, et je suis chevalier du Graal ! Le courant démocratique désorienté se réfugie auprès de ce faux autel ; c'est le dernier abstrait auquel se suspend désespérément un peuple sans foi ; voilà pourquoi il le faut renverser ; et tandis que le livre tue la gloire militaire, que le voyage dépayse les nationaux, mets ta main fine sur ce plâtre pétri par Robespierre et au nom de Jésus qui apporta la charité renverse la dernière idole : la nationalité.

Tu ne peux rien de plus grand dans l'ordre des mœurs : si ce n'est de substituer en ton âme la charité à l'amour ! O la lumière qui résulterait de cet héroïsme, ô les beaux fruits d'une telle force, ô l'allégresse des neufs chœurs !

La bonté devenant la rectrice des sexualités, la pitié plissant le baiser, et le cœur ému de plus de miséricorde que de concupiscence, tu serais bien belle ainsi et Béatrice : l'art chercherait de nouvelles parures et le mystère te ferait une auréole admirable. Quelle paix cette résolution donnerait au monde et à ton cœur : l'homme, stupéfait, ne croirait pas d'abord à tant de grandeur, et, quand il ne pourrait plus douter que ton amour est un amour de charité, il tomberait à tes genoux avec une telle gratitude que tu le sentirais faiblir de cette joie : ce jour-là le martyr galiléen aurait triomphé du mal et Nahash, terrassé, ne te troublerait plus.

Je voudrais trouver ici de ces accents qui décident, de ces expressions qui soulèvent, et impulser si fortement que tu ne résistasses pas à mon exhortation. Hélas! voici que je vais terminer, et, certain des vérités énoncées, je m'inquiète de leur énonciation même. Je n'ai pas cherché à témoigner de ma lumière, mais à t'en pénétrer: plus tard, quand de grandes éloquences l'emploieront sur ces thèmes, *la bienfaisance de beauté, l'amour de charité*, tu te souviendras que, le premier, je conçus ces perfections et tu sentiras que je t'ai aimée mieux qu'un amant en te conviant à la chevalerie d'idéal, en t'offrant des passions sans péché ni décroissance.

Ne tarde pas à saluer ces évidences vermeilles; j'ai miné le temple que tu profanes, tu n'as que le temps d'en sortir et de marcher la voie du Binaire, la tienne.

Lasse de ta vanité, la pensée humaine commence par ma plume à chasser son mirage, à obscurcir la fantasmagorie: pour l'intellectuel, la passion que j'ai jugée est condamnée, et rien ne la réhabilitera que toi-même, si tu deviens chrétienne, même au péché, si tu apportes dans l'amour, avec une impersonnalité fonctionnelle de prêtresse, la divine charité. Tu pourras t'entêter et méconnaître mon avis, mais tu le retrouveras, cet avis redoutable, et au cœur de l'homme: il se dressera sous les traits aimés. Le grand Orphée mourut martyr, déchiré par les Ménades, pour avoir dit sacerdotalement ce que je prononce en forme laïque. Je ne propose pas une manière d'amendement: je juge, et celle qui résiste, qu'elle soit anathème!

Sous le règne du Fils, le principe féminin déborda de sa norme, prit une déplorable revanche sur le cycle du Père; et, la mâleté cérébrale disparue, l'époque présente une cohue d'eunuques cérébraux qui laissent des foules devenir femmes, et les femmes redevenir foules. C'est pourquoi, ma sœur, tu vas servir ou finir.

III

L'ŒUVRE DU SAINT-ESPRIT
OU DU GRAAL

Je jure de réaliser la plus grande beauté possible en mon corps, mon âme et mon esprit.

L'ANDROGYNE, VIIIe roman de l'Éthopée.

En expirant, son âme fut portée par Platon et saint Jean au Très Haut qui, souriant, lui dit : « Mène le chœur des Hypathies célestes. »

LA QUESTE DU GRAAL, prose de l'Éthopée.

Nul être ne vaut par lui-même. Les plus grands ne sont que des réflexes partiels du Saint-Esprit.

(Constitution des trois ordres laïques de la Rose † Croix, du Temple et du Graal).

Admirer est plus doux que créer.

TYPHONIA, XIe roman de l'Éthopée.

Liberté, égalité, fraternité sont les trois blasphèmes irrémissibles contre le Saint-Esprit.

LE VICE SUPRÊME, Ier roman de l'Éthopée.

III

L'ŒUVRE DU SAINT-ESPRIT
OU DU GRAAL

O vous qui m'avez consolé, vous qui m'illuminez parfois, des trois personnes divines la plus chère à ma dévotion, sublime Saint-Esprit, vous que j'ai prévu, vous que j'annonce, épandez un rayon de divine subtilité sur votre héraut et que sa parole se hausse et resplendisse en vous nommant.

Aux mystères vous apparaissez le dernier ; car vous êtes le mystère lui-même ; les prêtres de ma race vous adoraient d'une sorte si jalouse qu'ils ne vous manifestaient qu'aux initiés : Jésus est venu qui a ouvert le tabernacle où les intellectuels confinaient vos rayons, et je viens présenter à votre lumière l'âme contemporaine.

Jusqu'ici les voies de salut s'appelaient observance sous l'ancienne loi, charité sous la nouvelle, et la stricte dévotion produisait le pharisaïsme et la charité poussait saint Grégoire à jeter au Tibre les marbres grecs et d'autres à la mise en action de cette infâme formule « le supplice supplie ».

Vous m'avez permis d'entrevoir un élément pondérateur entre la dévotion et le siècle ; vous m'avez permis de vous connaître et je vous sers selon ma faiblesse.

Aux œuvres que je fais vos œuvres, il faut beaucoup de temps ou beaucoup d'or; et vous savez que cette page je ne la relirai pas: aux œuvres que je fais vos œuvres, il faut la commodité des documents et leur abondance, et je vis dans un pays où toutes les faveurs de l'étude me sont refusées, où on me traite égalitairement, c'est-à-dire comme un manant et un ignare. Aux œuvres que je fais, aux vôtres, il faut réussir ou périr; le succès vaut seul comme seule justice et le salut n'a que le nom de victoire.

L'œuvre du Père ou de la volonté ressemble au guerroiement où il y a des lauriers pour le vaincu; l'œuvre du Fils ou de l'involonté en Dieu ne connaît pas la défaite; qu'importe au simple chrétien de buter en sa route, puisque chaque obstacle réel l'avance en vérité idéale; l'âme orientée fixement sur la divine croix, il défit les choses et leur cruauté, les hommes et leurs embûches; il ne va nulle part, qu'importe qu'on l'arrête; il n'a rien résolu, qu'importe qu'on l'empêche, seul vraiment libre en ce monde, il porte en lui son salut, et l'attaquer c'est l'exhausser: ô merveille d'indépendance et chef-d'œuvre d'orgueil qui étincelle sous le froc de saint François!

Votre œuvre, ô Saint-Esprit, demande une telle application et des facultés si diverses qu'il fallait que le Père et le Fils eussent préparé la terre par leur règne pour que le vôtre s'accomplît.

Vous exigez la plus forte volonté, mais vous la voulez impassionnelle et comme la violence de la sérénité; car sous votre invocation il n'y a plus de relativité, une chose n'est pas juste parce qu'elle est catholique, mais catholique si elle est juste: pour vous servir, nulle règle quel l'intermittente perception de votre clarté, et cependant vous n'admettez pas plus la tiédeur que l'erreur; comme vous concevoir est déjà une témérité, pour aller à vous on sort du plan commun de la chrétienté, on s'avance vers la terribilité de la lumière, plus dévorante de l'âme que la ténèbre, plus dangereuse

III — L'ŒUVRE DU SAINT-ESPRIT OU DU GRAAL

en son éclat que les noirs effrois, et votre chevalier, celui qui porte sur son cœur la sainte Colombe, n'a plus son salut en lui, mais en vous, l'implacable beauté, l'implacable vérité, l'implacable mystère. Combien se sont sauvés et se sauvent par le Père et le Fils qui seraient damnés par l'Esprit.

Telle votre rigueur, que vous ne commandez qu'au petit nombre des êtres rares et précieux ; telle votre rigueur, qu'en vous invoquant ici je ne prétends pas proférer des enseignements émanés de votre rayonnement : au seuil du livre, j'ai mis une prière pour mettre le lecteur en garde contre mes erreurs possibles, car l'humanité n'a de vous ni promesse ni préceptes ; qui vous aime vous cherche, à son péril et dam, s'il s'égare. Je vous ai cherché. Vous ai-je trouvé, ô Saint-Esprit ?

Vous savez que depuis onze années je porte votre gloire en mon cœur, que j'ai résisté au siècle, que j'ai assumé la calomnie et la haine par ma fidélité au saint Graal, et que je suis regardé comme un fou par vos blasphémateurs.

Ce serait des mérites devant les deux autres personnes divines, ce n'est rien devant vous, ce n'est qu'une excuse de mon imperfection.

Vous savez, ô ineffable Absolu, le bien que je pourrais réaliser, la lumière que je saurais réfracter, si de misérables détails ne m'impédimentaient. Oh ! vous que j'ai tant cherché, si vraiment je vous avais trouvé, si j'étais l'obscur instrument où vibre votre lumière, alors, comme le Paréo devant l'armée des Khetas adresse violemment le reproche de son cœur au Hammon-Ra Harmakis, je vous dirais aussi : « Pourquoi alors abandonnes-tu ton bras, le mien ; pourquoi laisses-tu s'obscurcir ta manifestation, mon œuvre ; pourquoi me laisses-tu impuissant et stérile, moi le semeur de ton champ et l'ouvrier de ta vigne ? »

Vous ai-je trouvé ? Voilà ce que je ne décide pas, mais, réconfort sacré, les Oannes, les Orphée, les Moïse, les Pythagore et Zarathoustra et saint Thomas, les sublimes serviteurs, mes maîtres, m'approuvent par leurs toutes puissantes œuvres. Ah ! si je pensais ajouter une idée aux saintes et perpétuelles, et découvrir en votre domaine, oui, je serais le fou qu'on prétend parmi l'ergastule journalistique. Mais mon œuvre redoutable, comme tout ce qui vient de vous, a les approbations des évêques d'éternité, des Moïses et des Platon.

Je n'ai pu vous trahir que par l'expression, si j'ai péché contre l'art par la hâte, cette hâte mon dam, et d'un tel préjudice à votre cause, et mes livres, hélas !

Au temps de Sargon le Ninivite, dans une ville babylonienne déjà conquise, une seule forteresse restait debout, d'où les flèches partaient incessantes, mais parfois sans leurs pointes de fer et d'un tir imparfait, et les soldats ninivites riaient de cet archer, qui cependant faisait l'office d'une cohorte.

Eh bien ! je suis cet arbalétrier kaldéen qui défend son poste, sans songer à la beauté du tir et à la coquetterie du visé.

Vous le savez, sublime Saint-Esprit, si j'ai repris le titre de Sar, ce n'est point mon œuvre qui le mérite ; de plus grands artistes que moi ne s'arrogèrent pas cette marque.

Mais ces plus grands artistes n'étaient que des artistes, et je suis le Sar parce que je cherche le beau dans autrui : toute œuvre qui vous honore m'est plus chère que la mienne propre : je suis Sar, parce que je suis dévoué et que je ne me borne pas à moi-même, fomentant toute supériorité que je puis atteindre ; je suis Sar, surtout, pour ne pouvoir rien envier ni accepter des hommes, et mépriser tous les honneurs après celui que je me suis décerné. Il y a, au contraire, une humilité profonde dans cet homme qui prend caution d'orgueil contre lui-même et se met une mitre comme un sublime appareil qui le forcera à l'incorruptibilité, si la nature en lui faiblissait.

Gloire de toutes gloires, Saint-Esprit, j'ai tenté de vous dédier les plus beaux esprits de ce monde et vous ai annoncé aux artistes, aux volontaires et aux abstracteurs [20].

Oh! ne soyez pas trop sévère à mon effort: considérez le journalisme, le suffrage universel, l'égalité, le recrutement militaire, l'enseignement athée, voyez à quoi se consacre le talent de nos jours et ce qu'est devenu le Verbe, ô Verbe, ô Logos!

Bénissez donc ma faiblesse, mon indignité, mon imperfection, suppléez par vos dons au génie et à la sainteté qui me manquent, et soyez présent parmi ceux qui combattent pour vous.

Vous faire reconnaître et servir sous la forme des chefs-d'œuvre, vous faire adorer par des actes exaltés de preux cérébraux, vous rendre les âmes en le déprenant du vain amour: en quelle voie luira donc votre grâce, sinon en celle-là?

Quoique votre domaine soit l'entendement, je revendique auprès de vous cette réforme de la sensibilité que ce livre exprime.

Je crois vraiment que je parle en votre nom, disant: « Substituez la passion du beau à la passion, aimez l'art et le mystère et non pas la créature; cherchez les beaux émois devant les chefs-d'œuvre et non devant le sexe, et donnez à l'esprit tout ce que vous enlèverez à l'amour. »

Je venge Orphée et je rature en votre nom cette œuvre qu'il déplora trop tard: la femme, personnificatrice de l'idéal.

---

20   *Constitution des trois ordres laïques:* La Rose†Croix, le Temple et le Graal, promulguées pour la première fois par ordre du grand maitre: et le format d'ancien eucologue imprimé en bleu sur papier solaire. Envoi franco: contre 1.255 en timbres, au secrétariat. 2, rue de Commaille.

Je relègue ici l'amour, l'audacieux usurpateur, au rang de moyen d'exaltation pour l'âme? Je déconsidère la démence sexuelle jusqu'ici considérée comme une sorte de religion. Je veux vous conquérir les cœurs, sublime Saint-Esprit, afin que des fées et mes mages se puissent dire amants de lumière, et que votre règne arrive selon la volonté du Père, les mérites du Fils et votre subtilité immense, ô Saint-Esprit, mon suzerain.

Toi, ma sœur, âme que j'ai remuée, je te quitte, incertain de t'avoir améliorée: je me flatte pourtant que dans l'amertume d'un baiser poindra le souvenir de cette lecture; alors, à la clarté de ta douleur, tu verras la duperie de l'amour, bourrèle, croisant ta cruauté avec ton bourreau, le bien-aimé: alors, tu poseras une main de sœur sur ce front que tu offusques d'absurdité, et saisie de la grâce, tu lui diras: « Pardonne-moi mon amour comme je te pardonne le tien; et soyons doux l'un à l'autre, car le Mage a dit vrai; et nos sens nous leurrent pour nous arracher la douleur nécessaire au devenir. Ralentissons nos caresses, espaçons nos vertiges jusqu'à les cesser: le véritable amour s'appelle la charité et non pas l'échange de maux semblables, donne-moi de nobles idées à sentimentaliser et je te donnerai de beaux sentiments à idéaliser: ce sera la *vita nova*; le jour où nous avouerons que chacun n'est qu'un moyen d'émotion pour l'autre, nous serons subtils comme des Œlohim, et, comme eux, nous élèverons nos cœurs jusqu'à la passion divine de l'art et du mystère. » Voilà le succès que j'ambitionne par cette œuvre, qui mérite beaucoup de critique, mais qui vaut comme un acte.

Je suis et je proclame qu'il n'y a qu'une forme absolue de la vérité, l'Église, mais elle souffrira qu'on la supplée où elle manque; le nabi d'Israël n'était pas un cohène, et la vérité théologique peut être proférée par qui l'a conçue, clerc ou laïc: les décadences forcent ainsi certains à se missionner par incapacité des égrégores.

De ce livre commence une doctrine d'une incalculable portée, puisqu'elle résout l'attraction sexuelle d'une façon plus nette que la notion générale du péché.

L'amour n'y est pas nié, on l'appelle « la forme attrayante de la douleur, » et je dirai à ce propos aux niais du Congrès de Malines que cette formule a été proférée la première fois sur un théâtre, le théâtre de la Rose†Croix, il est vrai[21].

L'amour, considéré comme la vibration la plus inférieure de la sensibilité, perd, d'un seul coup, le prestige qu'une ère de poètes et d'artistes accumulèrent : et la femme n'a plus devant elle que le devoir et l'idéal, le véritable, celui qu'elle peut servir, mais jamais incarner.

L'homme régna au nom du Père : la femme domine encore au nom du Fils, Vienne le Saint-Esprit, qui, procédant à la fois du Père et du Fils, unissant la force à la sensibilité et la raison à la miséricorde, réalisera le plan divin, et par là l'unique gloire des trois saintes personnes du seul Dieu.

J'ai crié, selon le devoir magique, aux couples en habit zinzolin de l'embarquement pour Cythère : « Cérigo est un roc sauvage et sans verdure, vous êtes dupes du mirage sexuel. »

M'a-t-on entendu ? Et de cette chose, imbécile que tu es, la mondaine, une fée va-t-elle surgir, farfalle adorable contenue en la vermine élégante ?

Où sont les Esthers et les Béatrices, et quelles âmes ai-je touché ? Le Saint-Esprit reconnaîtra les siennes.

Quant aux autres, à Madame et à Mademoiselle Tout-le-Monde, qu'elles ressentent du moins cette stupeur qui courut les

---

21   Le théâtre de la Rose†Croix représentera cette année la tragédie kaldéenne du sar Mérodack, et *le Mystère du Graal*, si la pauvreté de l'ordre le permet.

rivages et terrifia les nautoniers quand une voix d'outre-monde cria : « Le grand Pan est mort ! » Aujourd'hui c'est l'arrêt de l'intelligence humaine que je prononce, j'accomplis la volonté d'Orphée tué et trahi.

« Cessez les rites d'Ionie et renversez le temple de la femme au nom du Saint-Esprit, ce Seigneur de toujours, qui régnera demain par les volontés fortes, les œuvres admirables, et la seule passion de l'idéal en tous les cœurs rares et précieux stellaires. »

Ainsi soit-il.

TABLE DES CHAPITRES

LIVRE PREMIER
Le Septénaire du sortir du monde

LIVRE SECOND
Duodénaire de l'ascèse féerique

LIVRE TROISIÈME
Ternaire du Saint-Esprit

www.ingramcontent.com/pod-product-compliance
Lightning Source LLC
Chambersburg PA
CBHW060003100426
42740CB00010B/1383